はじめて向きあう韓国

浅羽祐樹 編
Yuki ASABA

法律文化社

はじめに

　本書は現代韓国に関する入門書である。「BTS」「愛の不時着」「パラサイト　半地下の家族」など「K-POP」「韓国ドラマ」「韓国映画」に触れたことで，「韓国」が気になったときに，最初に手にとっていただきたい。大学生はもちろん，社会人にもオススメである。特徴は3つある。

　第1に，序章を含めた10の章はすべて疑問文になっていて，「どうなっているの？」「なぜ？」という読者の「知りたい」にダイレクトに応える構成になっている。政治，外交，経済，経営，歴史，社会，文化を幅広くカバーしている。特に，バイオ・ベンチャーの経営者が韓国のスタートアップ（新規企業）を論じている第4章は，他では絶対に読めない内容である。まずは「私」が関心のある章から目を通し，他の章へと読み進めることで，現代韓国の「全体像」がみえてくるはずである。著者は全員，それぞれの分野の第一人者を揃えた。尖った視点ではなく，スタンダードな知見を提供することに専念してもらった。はじめての「街」にたどり着いたときは，街全体を示す「地図」があると助かる。本書で概要をつかんだうえで，それぞれの関心にしたがって，「カフェ巡り」や「聖地巡礼」など深掘りをしていただきたい。各章の最後に厳選して示した「おすすめ文献・映画」は，次の「旅」の道標にしてほしい。

　第2に，*column*を10本，設けることで，章としては取り上げることができなかったトピックについても，さらに考えるための素材を提供している。本書では，研究者だけでなく，新聞のソウル特派員やライターのみなさんなどにも協力してもらった。両者とも対象を知ろうとする点では同じだが，アプローチに違いがある。特派員や

ライターは「いま，ここ」という即時性，現場性を重視する一方，研究者は「長い歴史」「他との比較」のなかに位置づけようとする傾向がある。「どちらのほうが優れているか」というマウント合戦は不毛であり，「いかに各自が強みを持ち寄ることで全体として相乗効果を出すか」というコラボレーションの姿勢や方法が問われている。そうした重層的な「知」のネットワークのなかで，読者の「私」としては，分野ごとに，誰の，どのようなテキストや動画は信用できるのか，見極めることが大切である。本書に登場する19名と照らし合わせることで，他の書き手や話し手を見定めてほしい。この「目利き」のスキルは，偽情報が行き交うなかで生死を分けるかもしれない。

　第3に，工夫を凝らした索引を活用し，ラテラルシンキング（水平思考）を鍛えられるようになっている。本書の索引は，韓国の人名・事項，キーワードそれぞれで整理されている。しかも，特定の章にしか出てこない用語よりも，複数の章にまたがって出てくる用語を優先して収録した。そのため，まず目を通した第7章（社会）にある「少子化」「非婚」が気になり索引を引くと，第1章（政治）にも同じ用語があることがわかる。このように「横に」つながる／つなげることで，関心が拡がるし，より多角的に対象に迫ることができる。

　本書は「向きあう」を書名に掲げている。いつしか好きになったり，嫌いになったりしている人や，何がなんだか訳がわからない事柄について「知る」ためには，「私」自身の関心＝利害や価値観，さらには経験すらも突き放して，一定の距離をとることが欠かせない。これまで「当たり前だと思ってきたこと (taken-for-grantedness)」が揺らぐとき，恐怖を感じるが，同時に「私」と世界が共に改まる過程が始まる。それこそが，センス・オブ・ワンダー，学ぶ愉しみである。

2024年8月

浅羽　祐樹

目　次

はじめに

序　章　どのように韓国に向きあうのか？ ……………………… 1
　1　よくわからない韓国　2
　2　ダイナミック・コリア　5
　3　対称化した日韓関係　9
　4　知る／分かち合う／省みる　13

第1章　韓国の政治は不安定？ ………………………………… 19
　　　　▶韓国政治の仕組み
　1　民主化以降，4回の政権交代　20
　2　「帝王的」大統領制なのか　24
　3　1987年憲法体制の変化　28
　4　少子高齢化と韓国民主主義のゆくえ　32

第2章　韓国は世界のなかで何を目指しているのか？ …… 39
　　　　▶韓国外交の針路
　1　韓国が描く自画像　40
　2　朝鮮半島の平和構築　43
　3　「均衡外交」の模索　48
　4　「インド太平洋」構想と韓国外交　51

第3章　進化する韓国経済？ …………………………………… 59
　　　　▶最先端ロジック半導体・バイオ・AI
　1　韓国経済の歩み　60
　2　既存産業の高度化――最先端ロジック半導体　64
　3　新しい成長産業の育成――バイオ　67

4　AIを活用した産業全体の生産性向上　71

第4章　日本より数歩先を行く？ ……………………… 77
▶韓国のスタートアップエコシステムの先進性

　　1　スタートアップエコシステムの概観　78

　　2　スタートアップの成功例　81

　　3　スタートアップを支える人材　86

　　4　韓国スタートアップをめぐる課題　89

第5章　日韓関係はどう記憶されている？ ……………… 97
▶日本統治期に至る歴史

　　1　なぜ「史実」だけでなく「記憶」も重要なのか　98

　　2　近代東アジア世界における朝鮮の地位　102

　　3　中華の存在が朝鮮に与えた影響──大韓帝国の成立　106

　　4　大韓帝国の外交と日本による「韓国併合」　110

第6章　「正しい歴史認識」とは？ …………………………117
▶1987年からの運動

　　1　韓国が抱える3つの「過去」　118

　　2　軍事政権下の人権侵害事件をめぐる歴史認識　121

　　3　日本による植民地支配と徴用工問題・慰安婦問題　126

　　4　ベトナム参戦と民間人虐殺　131

第7章　韓国人がいなくなる？ ……………………………137
▶少子高齢化への政策対応

　　1　韓国における少子化の現状　138

　　2　なぜ韓国の出生率は低いのか　140

　　3　最近の主な保育関連支援政策　149

　　4　高齢化が進む韓国社会　150

第8章　韓国は移民大国になった？ ……………… 155
▶単一民族国家の幻想

1　韓国社会のなかの外国人　156
2　結婚移民者と国際結婚家庭の子どもの包摂　160
3　韓国人とはいったい誰なのか　164
4　さらなる移民受け入れへの政策転換　167

第9章　ドラマから何がみえる？ ……………… 175
▶韓国社会におけるジェンダーとその表象

1　ドラマで注目された韓国社会の今　176
2　ドラマ制作現場はどう変化したのか　178
3　ドラマに描かれる「年上年下」　182
4　「女同士の連帯」のさらなる向こうへ　187

キーワード索引　195
人名・事項索引　197

Tea Break

1　「大韓民国」という国名　29
2　朝鮮半島における「1民族2国家」　45
3　多様化が進む韓国の財閥　62
4　マフィアがスタートアップを牛耳る？　85
5　実は「光復節」を知らない若者が増えている？　102
6　脱北者ソウル市公務員スパイ捏造事件　126
7　韓国で男性の育児休業取得者数が大きく増加　151
8　結婚をめぐるジェンダー差　163
9　ドラマの新しいかたち：ウェブド　182

column

1. 黒田勝弘がみるこの隣国　18
2. 脅威なのに無関心　複雑な対北朝鮮認識　38
3. なぜ韓国はキャッシュレス先進国になれたのか？　57
4. 韓国美容に私がハマったわけ　76
5. 変わったこと，変わらなかったこと　韓国人の対日認識　95
6. 韓国語？　朝鮮語？　どんな言語？　115
7. 軍，宗教，政治が結びつく　LGBTQをめぐる問題　136
8. #MeToo　社会変革を導いた連帯の力　154
9. 社会問題をエンタメに昇華した『イカゲーム』　173
10. BTSが世界を席巻した理由　最強のファンダムARMY　193

＊本書は2024年8月末時点の情報に基づく。

序章

どのように韓国に向きあうのか？

鏡をのぞき込むロボット

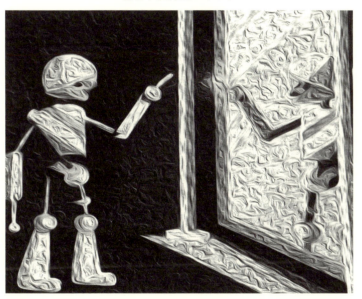

ロボットも，自らの姿をみて，反省するのか？

1　よくわからない韓国

<u>日韓シャトル外交の復活</u>　韓国では2022年5月に進歩系から保守系への政権交代が起き、「国民の力」の尹錫悦（ユンソンニョル）が大統領に就任した。前任の文在寅（ムンジェイン）政権のもとで、ソウル中央地検長に抜擢され、司直による「積弊清算」を推進し、検察総長（検事総長）まで務めた人物が、任期途中で辞任し、野党（当時）に入党、政治経験ゼロのまま、予備選挙では圧勝し、「共に民主党」の李在明（イジェミョン）との一騎打ちも僅差でしのぎ、トップ・リーダーの座に就いたこと自体が、「不安定」にも「ダイナミック」にも映る。

　尹錫悦大統領は、内政では共に民主党が国会で多数派を占め、支持率も低迷するなかで苦戦しているが、外交・安保領域では政策を大転換した。特に、日韓「慰安婦」合意の反故（ほご）や旧朝鮮半島出身労働者（強制動員被害者）問題（徴用工問題）、航空自衛隊機に対するレーザー照射（韓国海軍駆逐艦に対する低空威嚇飛行）問題、輸出管理体制の見直し（輸出規制）などをめぐって、「史上最悪の日韓関係」に陥っていた対日政策でイニシアティブを発揮した。伊大統領は23年3月、徴用工問題に関して韓国政府の責任ですべて解決すると表明すると、10日後には訪日し、岸田文雄首相との間で日韓首脳会談を行った。岸田首相も5月には訪韓しシャトル外交の復活を宣言した。

　さらに、8月には日米韓首脳会談を行い、キャンプ・デービッド原則・精神を発表し「日米韓安保連携」を制度化するとともに、統合抑止力の強化や有事の際に「協議するとのコミットメント」を確約した。日韓両国はそれぞれ米国との同盟関係を外交・安保政策の根幹にしているが、互いにフォーマルな同盟関係にあるわけではない。しかし、まずは北朝鮮に対するインテリジェンスの共有から、連携を実質化していくというわけである。

こうした対日政策の転換の背景には、ユーラシアの東西で戦略環境が激変するなかで、尹錫悦政権が韓国の位置づけを根本的に改めたことが決定的である。「グローバル中枢国家」を標榜する韓国は、22年5月に「グローバルな包括的戦略同盟」としての米韓同盟を再定義し、同年12月に「自由・平和・繁栄のインド太平洋戦略」を策定した。そのなかで、日本はもはや「軍国主義侵略者」ではなく、「普遍的価値と戦略的利害を共有するパートナー」だというのである。

「保守」は「親日」？

日本も、22年12月に策定した国家安全保障戦略のなかで「韓国は、地政学的にも我が国の安全保障にとっても極めて重要な隣国である」と位置づけ、「同盟国・同志国間のネットワークを重層的に構築する」うえで「日米韓」の枠組みを強調している。23年の1年間だけで首脳会談が7回も行われるなど、日韓関係は一気に正常化した。やはり、韓国の保守派は「親日」なのだろうか。

たしかに、進歩派の文在寅大統領は、北朝鮮の金正恩(キムジョンウン)国務委員長の「非核化」の意思を信じ、「朝鮮半島における平和体制の構築」に邁進し、3回の南北首脳会談だけでなく、米朝首脳会談も2回行われるなかで、日本を重視していなかった。休戦協定（1953年7月27日に板門店(パンムンジョム)で締結）体制から終戦宣言、そして平和協定の締結へと進むうえで、日本は朝鮮半島の「現状維持」を望む「守旧派」に映っていた。一方、尹錫悦大統領は、北朝鮮による核・ミサイルの脅威に対峙するうえで、「日本は朝鮮国連軍の後方基地を提供し抑止に貢献してきた」と表明するなど、北朝鮮に対する脅威認識を日米韓で共有するようになった。脅威認識の共有は同盟・同志関係において欠かせない。韓国の保守派が北朝鮮に対して厳しく臨む一方で、進歩派は宥和的なアプローチをとるのは事実である。

とはいえ、保守派が「親日」というわけでは決してない。李明博(イミョンバク)大統領は2011年12月の日韓首脳会談で慰安婦問題を集中的に取り

上げ，翌12年8月には韓国大統領として初めて竹島上陸（独島訪問）を敢行した。朴槿恵大統領も，「加害者と被害者の立場は千年経っても変わらない」「慰安婦問題が解決するまでは首脳会談に応じない」という姿勢を示し，事実，日韓「慰安婦」合意（15年12月）に至るまで，歴史認識問題が日韓関係を圧倒した。

さらに，中国に対する認識は，依然として日米韓で大きく異なる。日本は「これまでにない最大の戦略的な挑戦」と位置づけており，米国（「国際秩序を再構築する意図と能力を有する唯一の挑戦者」）と同じ評価だが，韓国は「インド太平洋地域の反映と平和を達成するうえで主要な協力国家」としている。朝鮮半島有事だけでなく，「台湾海峡の平和と安定」において力によって一方的に現状を変更する試みがあった場合，日米韓安保連携の真価が問われるだろう。

政権交代でまた破算？

政権交代でここまで対日政策，日韓関係が変わるとなると，次の大統領選挙（27年3月）で別の人物，特に進歩派に替われば，また悪化する可能性があるという懸念が日本では強い。

徴用工問題は，尹錫悦大統領の政治決断で第三者（鉄鋼メーカーのPOSCOなど韓国企業が設立した財団）が肩代わりする「代位弁済」という方案がとられているが，大法院（最高裁）で「慰謝料請求権」が確定後，これを拒否している原告（家族）もいる。下級審に係留中のものは60件以上，原告は1000人を超える。これらすべてがひとつずつ「解決」するのか，定かではない。代位弁済を進めるとしても，原資が足りず，日本企業も「呼応措置」をとることが求められている。

尹錫悦大統領は，「求償権（代位弁済後，その分，日本企業に返還を請求する権利）を行使することはない」と明言したが，放棄したわけではない。求償権の消滅時効は10年であるため，次期大統領次第では，代位弁済で解決した件もすべて反故になる。

「最終的かつ不可逆的に解決」されたはずの慰安婦問題も，日本政府を相手取った訴訟が韓国司法によって「主権免除（主権平等の国際関係において，ある国家が他の国家を対象にした裁判を行うことはできないという国際法の原則）の例外」として賠償が確定した。もちろん，韓国にある日本政府の資産が直ちに差し押さえられ，売却されるわけではないが，「合意は拘束する」という普遍的な規範をどこまで共有しているのかについて懐疑が常にある。

さらに，歴史認識問題以上に，政権交代に伴って北朝鮮や中国に対する脅威認識が変わると，「日米韓安保連携」や「インド太平洋戦略」も見直しされるかもしれない。そうなると，日韓関係はまた，振り子のように揺れる。

なにより，米国大統領選挙（24年11月）の結果がどうであれ「同盟国・同志国間のネットワーク」そのものがインド太平洋でも北大西洋でも再編されていくだろう。

こうした「嵐」のなか，「船」の針路やバラスト水（船を安定させるために底荷として用いられる水）について，日韓両国は何を，どこまで共有しているのだろうか。

2　ダイナミック・コリア

広範囲で変化が激しい韓国　「10年経てば山河も変わる」という諺が韓国にはあるが，それくらい変化が速く，かつ広範囲にわたる。その分，「いま，ここ」を常にアップデートしないと，かつての常識はもはや通用しない。

この10年間でいちばん変わったのは「ジェンダー感受性」である。男女の社会文化的な性差（ジェンダー）に対する感覚を研ぎ澄ませ，それがひきおこす不公正を是正していこうという姿勢のことである。たとえば，夫の配偶者に対する呼称は，「家内（집사람）」や

「嫁 (마누라)」ではなく「妻／ワイフ (아내／와이프)」が「正しい」とされるようになった。また,「男性記者」とは特にいわないのに,「女性記者 (여기자)」だけが強調され, ニュース番組の「女性キャスター」が眼鏡をかけて出演すると「破格」とされた。

　従来, 性犯罪の被害者は法廷で「被害者らしさ」が問われたが, 安熙正(アン ヒ ジョン)・忠清南道(チュンチョン)知事による女性秘書に対する#MeToo裁判のなかで大法院 (最高裁) は「被害者らしさ」を問うこと自体が二次加害であると明示した。性的自己決定権が重視されるなかで,「No means No (暴行や脅迫がなくても, 拒否の意思が示された場合, 性行為は犯罪である)」はもちろん,「Yes means Yes (明示的な事前の合意がない場合以外は, すべて犯罪である)」へと基準が変わりつつある。

　こうした「政治的な正しさ」は世界的に高まっているが, 家父長的支配が強かった韓国においても, 職場や学校だけでなく, 家庭やカップルの間など「私的空間」「親密圏」における権力関係も問い質されるようになった。

　個人と集合体との関係も大きく変容している。

　「ウリナラ (我が国)」「ウリ会社」「ウリ学校」「ウリ家族」と「ウリ (我々)」に包摂される範囲が広く, その一員として期待される役割を果たすことが当然視されていたが,「個人」「私」を第一にする傾向が強まっている。名節 (ソル [旧正月] や秋休(チュソク) [旧盆]) のときは夫の実家で台所仕事をしたり, 老後の世話をしたりするのは「嫁」の「親孝行」だったが, 名節も夫婦2人 (と子どもという核家族) だけで過ごしたり, そもそも生涯結婚しない女性や, 結婚しても, 子どもをもたない夫婦が急増している。2023年末現在, ひとり世帯が全体の42%を占め, 最多である。

　「ひとり飯 (혼밥)」も「孤独」だけでなく,「自由」の象徴でもある。

> Z世代と「オワコン」の断絶

日本では, 団塊の世代 (1947-49年生まれ) が後期高齢者 (75歳以上) になった一方で, 生まれ

たときからスマホがあり，AI（人工知能）を活用するZ世代が社会人になっている。韓国でも，戦後世代（1950-53年の朝鮮戦争後生まれ）はすでに引退し，86世代（80年代に大学に通った60年代生まれ）も「エスタブリッシュメント（既得権側）」になるなかで，「2030世代（MZ世代）」が政治的にも経済的にも存在感を示しつつあり，なかでも文化的な特徴が注目されている。特に20代は，男女で，ジェンダー感受性やフェミニズムに対する指向が異なる。

「今の若者は……」という嘆きは古今東西でみられるが，現代韓国において，MZ世代には，高齢男性は頼んでもないのにすぐに時代遅れの説教や助言をし，マウントをとりにくる「ウザい」存在，「꼰대（オワコン）」に映っている。この世代間断絶はますます深刻化し，相互理解の基盤すら揺らいでいる。

韓国は「圧縮された近代」の典型例で，産業化・民主化・情報化という大転換を短期間のうちに成し遂げた。そして，いま，また，AIやスマート化などの第4次産業革命の真っ只中にいる。少子高齢化，生産人口や総人口の低下など人口学的な変化も著しい。こうしたなか，自我を確立する青年期にともに経験した出来事によって「世代」が形成されると，まさに「10年ひと昔」で，ひとつ上の世代とも利害や価値観の尺度そのものが異なるくらい合わない。

にもかかわらず，いや，だからこそか，国を超えても，自分と似た人――世代であれ，性別であれ，政治性向であれ――に親近感を覚えるのはある意味当然だが，その分，バイアスが効き，全体像がわからなくなる。そもそも関心が断片化し，全体への指向性も薄れている。

2016年米国大統領選挙に際してトランプ当選を予想できなかったのは，外交官やジャーナリスト，それに研究者が自分と同じ社会経済的地位の高い人ばかりと付き合い，情報源が偏っていたにもかかわらず，そのバイアスを補正しようとしなかったからである。似

た者同士は付き合いやすく、話も通じるかもしれないが、外国（自国でも）を理解するうえでは、足元をすくわれることになってしまいかねない。そうならないためにも、釣り合いよく物事を把握する姿勢や方法が欠かせない。

> それぞれの
> 「視点取得」

内閣府は毎年、外交に関する世論調査を行っている。最新の23年調査によると、韓国に対して「親しみを感じる」という回答は52.8%であるのに対して、「親しみを感じない」という回答は46.4%であり、その差は6.4ポイントである。12年に「親しみを感じない」が「親しみを感じる」を上回っていたが、また逆転した。

しかし、年齢層ごとに差が大きく、18-29歳では「親しみを感じる」は66.2%（平均より13.4ポイント高い）で、「親しみを感じない」の33.8%（平均により12.6ポイント低い）を32.4ポイントも上回っている。60歳代は、「親しみを感じない」は50.0%（平均より3.6ポイント高い）で、「親しみを感じる」の49.3%（平均より3.5ポイント低い）を依然として0.7ポイント上回っている。「親しみを感じる」だけを比べると、18-29歳と60歳代では、16.9ポイントもの差がある。

その背景には、それぞれの年齢層、世代ごとの「韓国」観が根本的に異なることがある。18-29歳にとって韓国とは、「BTS」「コスメ」「トッポギ」などを自ら体験する一方で、70歳以上だと、「全斗煥（ぜんと）（任期：1980-88年）」「ソウル五輪（88年）」「聖水大橋崩落事故（ソンス）（94年）」という時期やイメージにとどまったままで、その後、アップデートされていないかもしれない。

ここで重要なのは、18-29歳のほうが「新しくて良い／正しい」というわけでは決してないということである。年齢や世代、性別などによって、それぞれ経験や関心、価値観が異なるのは当然である。「わたし」とはまるで異なる「全き他者（まった）」を前にした際に、すぐに優劣をつけたり、友敵を分けたりするのではなく、まずは「その

人(々)には世界はどのように映っているのか」に関心を向けたい(岸・石岡・丸山 2016)。「彼ら」の言動が「我々」には「不合理」に映り、共感できないときこそ、そのような言動を行う理由や、彼ら自身の意味づけを理解すること、「他者の合理性」について知ろうとすることが肝要である。そうした「視点取得」という姿勢や方法は、韓国だけでなく、「知る」という営みの原点であり、出発点である。

3 対称化した日韓関係

「追いつき、追い抜かれた」日本　こうしたダイナミック・コリアとは対照的に、日本は「失われた30年間」、経済は成長せず、新型コロナウイルスの感染者数もファックスで集計するなど、DX(デジタルトランスフォーメーション)にも完全に後れをとっている。韓国ならばクリック2－3回で済むことが、紙で、対面でやりとりすることを強いられる場合が多く、しかも、時間がかかる。

　日本と韓国が国交を正常化した1965年当時、両国の経済規模は30倍ほど差があった。世界銀行のデータによると、日本のGDP(国民総生産)は910億ドルだったのに対して、韓国は31億ドルにすぎなかった。日韓請求権協定による無償3億ドル、有償2億ドルの経済協力がいかに大きな規模だったのか、わかるだろう。

　ところが、2022年現在、日本のGDPは4.2兆ドルであるのに対して、韓国は1.7兆ドルで、日本のおよそ40パーセントにまで迫っている。1人あたりのGDP(購買力平価)だと、18年に逆転し、22年には、日本は4万5583ドルであるのに対して、韓国は5万331ドルと差が開いている(図序-1参照)。

　それもそのはずで、日本のGDPは1992年の4兆ドルとほぼ同じ水準である一方で、韓国はこの間、3560億ドルから4.7倍も拡大したからである。日本が「失われた30年」に陥り、いまだ抜け出

図序-1　1人あたりのGDP（購買力平価）の日韓比較（1990-2022年）

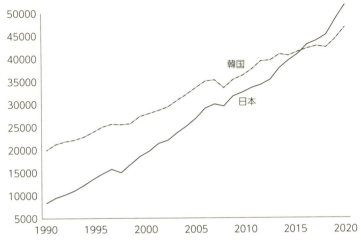

出典：世界銀行（2024年6月3日取得，https://data.worldbank.org/indicator/NY.GDP.PCAP.PP.CD?locations=JP-KR）。

せていない間，韓国はアジア通貨危機（97年）や世界金融危機（2008年）を経ながらも，確実に経済成長を続けてきた。日本からすると，韓国に「追いつき，追い抜かれた」格好で，「日韓逆転」は衝撃かもしれないが，それは世界でほぼ唯一，日本だけがゼロ成長だったからである。

　それだけでなく，産業の高度化，社会全体の変革においても，いまや韓国のほうがリードしているといえる。典型例が「情報化」「デジタル化」「キャッシュレス化」で，意思決定過程から消費選択，文化コンテンツの享受／マネタイズの仕方まで，明らかに，K-POPをはじめとする「K-something」がグローバル・トレンドやその時々のプラットフォームと合致・相乗しながら世界を席巻している。

　もちろん，あらゆる分野において日韓逆転が生じたわけではない。経済安全保障が重要視されるなか，半導体の部品や製造装置で

は，しのぎを削っている。いずれにせよ，確実なことは，日韓関係は日本絶対優位の「非対称的」なものから，互いに競い合う「対称的」なものへと，その性格が根本的に変容したということである。

「日韓逆転」と実験アプローチ　日韓関係はすでに対称化したが，日韓「逆転」という「展望」を示された際，日本国民は日韓関係の争点に対してどのように反応するのかを明らかにした研究がある (Kobayashi et al. 2020)。

　その研究は，近年，社会科学でも広く用いられている実験アプローチを日韓関係の研究に応用したもので，日本国民を対象にして2016年7月に実施されたオンライン実験に基づく。そこでは，被験者は4つのグループに分けられている。実験群3つはすべて，15年までの日韓両国の1人あたりのGDPが実際の値で示されている。15年現在，日韓両国の経済力はほぼ等しくなっているが，まだ日本が上回っている。そのうちの2つはさらに，16年から20年までの5年間について，仮想の数値も示されている。実験群Aでは，日本は成長する一方で韓国は低迷し，その差が拡がるという展望である。逆に，実験群Bでは，日本は低迷する一方で韓国は成長し，日韓逆転が生じ，さらに，その差が開くという展望である。実験群Cでは，将来展望は示されない。これら3つと，一切，何も示されない統制群が比較されている。この「措置」以外，被験者はランダムで4つのグループに割り当てられているので，年齢や性別，政治性向などは均されているとみなすことができる。

　実験の結果は，日韓逆転の展望を示された実験群Bのみ，統制群と比べると，竹島領有権にせよ，慰安婦問題にせよ，韓国に対して強硬な姿勢が有意に高い。さらに，この研究では，17年8月に追加の実験が実施され，この結果がどこまで「頑強」なのかを検証している。

　追試では，実験群3つは，上記の実験群Aと完全に同一の実験

群Dのほかに，日本の実数と展望だけを示す実験群E，韓国の実数と展望だけを示す実験群Fに分けられている。日韓比較になっているのは実験群Dだけというわけである。当然，統制群に割り当てられた被験者もいる。その結果，竹島領有権に関しては，実験群Dだけが統制群に比べると，韓国に対して強硬な姿勢が有意に高い。ただ単に，「日本の低下」や「韓国の上昇」のどちらか一方だけを示された場合，差はなく，2つが組み合わさって「日韓逆転」というかたちで示された場合のみ，日本国民は反応するというわけである。慰安婦問題についても同様の傾向がみられたが，有意な差ではないとし，その理由について推論されている。

いずれにせよ，この研究では「将来展望」だった「日韓逆転」が18年に現に起き，その後，その差は拡がっているという現実をすべての日本国民は目のあたりにしているわけである。

「重要な他者」としての韓国

一般に，年齢，世代，性別，政治性向，国籍など，自分と同じ「内集団」と異なる「外集団」では，それぞれ異なる反応を示すということはそこここでみられる。「日本の低下」や「韓国の上昇」のどちらか一方だけでなく，2つが組み合わさって「日韓逆転」というかたちで示された場合のみ，日本国民が反応するということは，それだけ日本という内集団にとって，韓国という外集団は，それと照らし合わせて現在の自らの位置や地位を評価したり，これまでの歩みを振り返り将来を展望したりする，意味のある参照項，すなわち，「重要な他者」であるということである。

追いつき，追い抜かれた側が自己防御的な心性をみせるのは，ある意味当然だが，好むと好まざるとにかかわらず，日韓の関係性はすっかり変わったのは厳然たる事実である。にもかかわらず，現実をいつまでも否認したり，ウエカラ目線で接したりすると，他者との関係性を新たに築くことが難しくなるばかりか，夜郎自大な「わ

たし(たち)」になってしまいかねない。

そういう意味で,韓国だけでなく,タイ,ヴェトナム,インドネシアなどの新興国／グローバル・サウスに対しても,日本は「二国間関係」を再定義することが欠かせないだろう。「世界第2位の経済大国」から「第3位」(10年),「第4位」(23年)へと「転落」し続けるなか,「アジア唯一のG7メンバー」に対しても「G9(＋韓国・オーストラリア)への拡大」が突きつけられている。

4 　知る／分かち合う／省みる

「同志国」としての韓国　　いまや「史上最悪の日韓関係」からすっかり様変わりし,日韓両国とも,政府レベルでは,互いに「同志国／パートナー」として規定し,「日米韓安保連携」も強めている。それだけ,米国本土に届く大陸間弾道ミサイル(ICBM)や,グアムや沖縄を射程圏内に収める中距離弾道ミサイル(IRBM)を発射する北朝鮮の脅威が深刻になり,その認識,「戦略的利害を共有する」ことを改めて確認した。そのうえで,共同訓練など統合抑止力の強化と,共同作戦に備えたシミュレーションの実施が進んでいる。

さらに,国連安保理常任理事国であり核保有国でもあるロシアによるウクライナへの侵攻にみられるように,主権・領土保全という国際秩序の根幹に対する明白な挑戦,力による一方的な現状変更の試みを前に,日韓両国は「自由陣営」の一員として旗幟を明確にしている。元々,国内の政治体制は,ともに自由民主主義体制であり,それぞれ問題を抱えているが,国際場裡においても,「同じ側」に立つことを鮮明にしたわけである。「基本的価値の共有」も再確認したことになる。

にもかかかわらず,国民レベルにおける相互認識では,いまだ体

制共有の認識は薄い。言論NPOと東アジア研究院が2013年以来毎年実施している日韓共同世論調査によると，23年現在，日本国民の50.3%（複数回答可）は韓国の政治・社会体制について「民主主義」とみている一方で，韓国国民の45.4%は依然として日本を「軍国主義」と認識している（言論NPOウェブサイト）。「自由主義」を挙げたのは，双方とも15パーセント前後である。

　国防費の支出では，ストックホルム国際平和研究所（SIPRI）のデータによると，22年に韓国が日本を上回った。GDPに占める比率だと，日本は1.1%であるのに対して，韓国は2.7%である。また，近年，韓国は防衛産業に注力していて，武器輸出大国へ本腰を入れている。能力という点では，日韓で差がなくなっているが，意図をどのように認識するかで，「脅威か，パートナーか」は変わる。

個人レベルでも「悩み／課題」分有

　個人レベルでも，日韓の市民たちは「悩み（고민）／課題」を分有している。小説はもちろん，ヒーリングや童話まで，韓国文学が特に女性たちの間で広く読まれるようになったのは，そこに描かれている人物に「わたし」を重ね合わせ，慰めや慰労を得られるからではないか。もちろん，「わたし」たちが直面している悩みはひとりひとり異なるが，そうした個別性とともに普遍性があるがゆえに，「分かち合っている」という感覚，共感が拡がるのである。

　たとえば，チョン・ヘシン（2021）では，「死にたい」「殺したい」も含めて，人間の感情にはすべて，それなりの理由があり，いきなり「忠告・助言・評価・判断」するのではなく，まずは想いや事情を訊ね，相手に共感する姿勢を示すところから精神医学の臨床は始まる（べきだ）とされている。チョンはまた，セウォル号沈没事故（14年）など社会的トラウマの現場に赴き，当事者の話に耳を傾けてきた。こうした姿に，読者は「マンスプレイニング（男性が偉そうにしゃしゃり出て説明すること）」や「（被害者）らしさ」から，いっとき

でも解き放たれる感覚がして、ただ横にいて（耳を傾けようとして）くれる誰かのありがたさに気づく。そして、当事者性を徐々に快復し、正義が修復されることにつながる。

BTSの「Love Myself」キャンペーン、「真の愛は自分を愛することから始まる」という訴求が世界中で共鳴したのも、ありのままの自分を受けいれることができず、悩み苦しみ、「らしさ」要求、他人の視線、無気力感に苛まれるなかで、声や、自分の名前までも失くしてしまった人がそこここにいるからである（UNICEFウェブサイト）。「RM」「キム・ナムジュン」という名前を聴くことで、それぞれ「本当の名前」を思い出し、自分の声で話し始めるのである。宮崎駿監督の映画『千と千尋の神隠し』（2001年）でも、千尋は千になりきってしまうところだったが、ギリギリのところで名前を思い出し、元の世界に還ることができた。

こうした「寂しさ」「孤立」は、「個人の不運」ではなく、「社会的不正義」としてとりえ返すことで、はじめて「わたしたち」がともに取り組むべき「社会問題」「政策課題」になる。

互いに対照化して、自ら省みる姿勢

「どうして韓国を知っておくべきか」や「どのように韓国に向きあうのか」という提示の仕方自体がマンスプレイニングの典型で、「知る」という営みからもっとも遠いと編者も自覚している。何について、どうして「知りたい」のかは、本来、各自が選択・決定することである。

韓国に限らず、「わかった」と言うと、そこで終わってしまう。それよりも、「わからない」と率直に認めたうえで、「知りたい」と思うかどうか、「知ろうとする」（早川・糸井 2014）行動を具体的にとるかどうかである。その際、「どのように」するといいのかは、大学や教科書ならば、体系的に学びやすいとはいえるだろう。最初から自習だと、どうしても偏りが生じてしまう。酷い場合、学べば学ぶほど、同じような情報だけに接して、「そうだそうだ」「自分だ

け正しい」という確証バイアスを強めることになりかねない。

　本書もそうだが,「知る」という営みに「参考文献 (reference)」は欠かせない。日韓関係は対称化した分,さまざまな分野やレベルで,互いに「参照点 (point of reference)」にしやすくなった。インド太平洋戦略,少子高齢化,「寂しさ／孤立」問題から,ハラスメント防止,ダイバーシティ確保,「らしさ」からの解放まで,それぞれ課題に取り組むうえで,ともに学び,協力し合う「同志／パートナー」である。

　さらに,互いに対照化して,自ら省みることが問われている。学校・職場で,家庭のなかで,共同体や同時代を生きる一員として,これまでと同じままでいいのか,と自問自答する。

　2024年は「令和6年」であって,「昭和99年」ではない。「平成」期はほぼ「失われた30年」に該当するが,それでも,さまざまな基準が一変した。かつて,家庭や学校で「躾」「指導」とされたことも,「ドメスティック・バイオレンス」「体罰」と別の名前で呼ばれ,社会問題となっている。

　「OS」そのものが旧いままだと,新しい「アプリ」は正常に作動しないどころか,ダウンロードすらできない。「わたし」のOS,ひとりの人間としての原理・原則をいまいちど省みたい。

📖🎬 おすすめ文献・映画

①加藤圭木監修・一橋大学社会学部加藤圭木ゼミナール編,2021『「日韓」のモヤモヤと大学生のわたし』大月書店.
　大学生たちが自ら抱く「モヤモヤ」を出発点に日韓関係について考え始めた過程の記録。「わたし」ならどうアプローチするか,先行例に照らし合わせながら模索してほしい。

②川名晋史,2024,『在日米軍基地――米軍と国連軍,「2つの顔」の80年史』中公新書.
　朝鮮特需によって戦後復興が始まるとともに,朝鮮国連軍の後方司令部が

今も横田にあるほど，日本と朝鮮半島の安保や経済はつながっている。安保リテラシーは不可欠。
③ ペク・セヒ（山口ミル訳），2020,『死にたいけどトッポッキは食べたい』光文社．
翻訳本も20-30代の女性によく読まれている。「悩み」を分有しているように思えるので，共感や癒やしが生まれる。逆に，なぜ男性や高齢者は「越境」できないのか，気になる。

参考文献

早川龍五・糸井重里，2014,『知ろうとすること。』新潮文庫．
岸政彦・石岡丈昇・丸山里美，2016,『質的社会調査の方法——他者の合理性の理解社会学』有斐閣．
木宮正史，2021,『日韓関係史』岩波新書．
金成玟，2024,『日韓ポピュラー音楽史——歌謡曲からK-POPの時代まで』慶應義塾大学出版会．
木村幹，2014,『日韓歴史認識問題とは何か——歴史教科書・「慰安婦」・ポピュリズム』ミネルヴァ書房．
言論NPO「第11回日韓共同世論調査結果」2023年10月12日, https://www.genron-npo.net/world/archives/16656.html.
清水晶子・ハン トンヒョン・飯野由里子，2022,『ポリティカル・コレクトネスからどこへ——「正しさ」をなぜ問題にするのか？』有斐閣．
チョン・ヘシン（羅一慶訳），2021,『あなたは正しい——自分を助け大切な人の心を癒す「共感」の力』飛鳥新社．
Kobayashi, Tetsuro, Dani Madrid-Morales, Yuki Asaba, Atsushi Tago, 2020, "Economic Downturns and Hardline Public Opinion," *Social Science Quarterly*, 101 (1): 309-324.
UNICEF, "BTS speech at the United Nations," 2018年9月25日, https://www.youtube.com/watch?v=oTe4f-bBEKg.

【浅羽祐樹】

column 1　黒田勝弘がみるこの隣国

　筆者の韓国暮らしは1970年代から通算40年になる。人生のほぼ半分，新聞記者生活の7割近くを韓国で過ごした。在韓日本人記者では歴代最長であり，外国人記者としても最長である。そこで「長居の理由と秘訣は？」とよく聞かれる。答えは決まっている。「韓国は面白いから」「飽きないから」である。職業的にいえば「ネタが尽きない」のである。

　この「尽きない面白さ」はどこからくるのか？　暮らしてわかったのが韓国（人）と日本（人）にかかわる"異同感"である。お互い「似ているようで似ていない」「異なるようで同じようだ」といった「異と同」の微妙な感じがそれだ。これはおそらくほかにはないことだろう。

　背景は地理的近さと文化的，歴史的な縁の深さである。それがゆえに交流や緊張，対立が頻繁で，長きにわたって影響を与え合ってきた。「異」ではあるけれど「同」もあって，お互い実に「気になる相手」なのだ。

　筆者はこの興味深い相手についていろんな表現を使ってきた。「異同感」のほか「韓国人は東洋のイタリア人である」「最も反日で最も親日」「昼は反日，夜は親日」あるいは「新聞やテレビ（メディア）を見なければこんな楽しいところはない」などなど。

　お互い「同」に安心し「異」には緊張するが，「異」があってこそ外国暮らしである。「異を楽しむこと」が長居の秘訣である。筆者の「韓国」という引き出しには政治・経済・外交のほか「人」や「食」「言葉」「歌舞音曲」「自然」……など多くの引き出しがある。「反日」という大きな引き出しは，もしそこがからっぽになればちょっと寂しいかもれないと思ったりする。

　韓国を目指す日本人については「韓国病」とか「韓国オタク」という言葉を使いながら，一方では「朝鮮半島はブラックホール」とも書いた。筆者は40年間，全身で韓国と付きあってきたが，深い縁のゆえにわれわれは韓国（朝鮮半島）にははまりやすく引き込まれやすい。「韓国はスルメである」と書いたこともあるが「噛めば噛むほど味が出る」と同時に，どこか危うい対象でもあると感じている。

【黒田勝弘】

第 1 章

韓国の政治は不安定？
▶韓国政治の仕組み

ソウルの光景

　ソウル・往十里(ワンシムニ)。高層マンションの陰になり，日の当たらない「再開発」以前のエリア。

出典：https://commons.wikimedia.org/wiki/File:Korea-Seoul-Wangsimni.jpg.

1 民主化以降, 4回の政権交代

不幸な元大統領たち　民主化以降,「2回の政権交代」があれば新興民主主義体制は定着したといわれる。韓国は, 1987年の民主化以降, 37年間で4回の政権交代 (1998・2008・17・22年) が起き, フリーダム・ハウスの「自由」指標, エコノミスト誌の「民主主義」指標, V-Dem の「投票民主主義」「参加民主主義」などさまざまな指標で判断しても, 一部に問題はあっても, 民主主義体制であることは間違いない。

一方で, 元大統領との退任後の姿をみると (表1-1参照),「韓国の政治は不安定?」という印象を受ける。

表1-1：民主化以降8名の大統領たちの「その後」

歴代	大統領	任期	党派	任期中・退任後
第13代	盧泰愚	1988.2-1993.2	保守系	懲役17年→赦免
第14代	金泳三	1993.2-1998.2	保守系	次男が身柄拘束
第15代	金大中	1998.2-2003.2	進歩系	3人の息子が身柄拘束
第16代	盧武鉉	2003.2-2008.2	進歩系	自死
第17代	李明博	2008.2-2013.2	保守系	懲役17年→赦免
第18代	朴槿恵	2013.2-2017.3	保守系	懲役22年→赦免
第19代	文在寅	2017.5-2022.5	進歩系	書店経営, 各種疑惑で言及
第20代	尹錫悦	2022.5-2027.5	保守系	現職

出典：筆者作成。

本人ないし家族が収賄罪などで起訴・収監され, その後, 後任の大統領によって赦免されることが繰り返されている。

さらに, 民主化以降8名の大統領のうち, 国会で弾劾訴追された大統領は2名 (盧武鉉・朴槿恵) で, 朴槿恵は憲法裁判所によって

罷免された。これは1987年に改正された現行憲法が予定している手続きに基づくものだが，進歩派（左派）では「ろうそく革命」と理解されている。

そのなかで文在寅(ムンジェイン)は「積弊清算」を掲げ，検察を動員して李明博(イミョンバク)・朴槿恵の保守派（右派）2名の前任者を断罪した。尹錫悦(ユンソンニョル)は文在寅がソウル中央地検長・検察総長（検事総長）に抜擢した人物だが，任期途中で辞任，保守系野党に入党し，結局，0.73ポイントという僅差で大統領に就任した。

文在寅は「退任後は忘れられた余生を過ごしたい」と述べていたが，書店を経営し，書評というかたちで保守／進歩の「思想的内戦状態」に介入する一方で，政権高官が選挙介入などで相次いで起訴されている。

> 繰り返される
> 前任者否定

4回の政権交代のうち，1998年と2017年の2回は保守から進歩へ，08年と22年の2回は進歩から保守への交代で，政権与党（党派性）が変わった。保守／進歩の対立軸が重層化し，ますます分極化するなかで，国家安全保障戦略や年金・労働・教育改革など国家的アジェンダについて超党派的にコンセンサス形成・維持されることはほとんどない。

同一政党内の「政権再創出」の際も，新大統領（候補）は前任者（現職）を否定して「与党」内に登場する。たとえば，朴槿恵は07年大統領選の党内予備選で李明博に負けて以来，一貫して「与党内野党」を貫き，12年12月の大統領選を前に実施された同年4月の総選挙を契機に，「李明博のハンナラ党」から「朴槿恵のセヌリ党」「新与党」へと再編した。これにより，「現政権に対する業績評価」を回避し，「新政権への期待投票」を集めた。李明博は在任中，国会で過半数を有していた稀な大統領だが，与党（親朴派）を統制できなかった。

また，元々，党内非主流派だった盧武鉉も，金大中(キムデジュン)の史上初の南

北首脳会談（2000年6月）に際する対北朝鮮送金疑惑に関する特別検察法案に対して，拒否権を行使しなかった。その後，盧武鉉は新党を結成するが，元与党が野党提出の弾劾訴追に賛成するなど，前任者との「差別化」と「国家的アジェンダの継承」は常に問題になる。

特に，5年1期という当選回数制限もあり，国民に負担を課す改革はずっと先送りされてきた。コロナ禍で膨れ上がった財政赤字から大学授業料・電気料金の凍結まで，バラマキが目立ち，特に選挙前は保守／進歩を問わず，ハコモノの公約を乱発する。その結果，就航便がひとつもない幽霊空港が各地に遺（のこ）っている一方で，社会の持続可能性を担保する年金改革や，第4次産業革命を先導する労働・教育改革などは一向に進まない。

保守／進歩の左右対立軸

韓国における政治の左右対立軸は少なくとも3つで形成されている。

第一の軸は外交・安保に関するものである。北朝鮮に対して強硬，米韓同盟を重視するのが保守である一方，北朝鮮に対して宥和的で，米韓同盟は堅持しつつも，韓国の自律性を主張するのが進歩である。朝鮮戦争を戦い，米韓同盟の下，北朝鮮のみならず，中国やロシアといった専制体制と最前線で対峙している韓国ならではの特徴である。

第二の軸は，西洋諸国でもみられる経済に関するものである。保守は経済成長や規制緩和を重視する一方で，進歩は分配や公的セクターによる規制を強調する。韓国は最貧国から急速に産業化・情報化を遂げ，いまではサムスン電子や現代（ヒョンデ）自動車といった世界有数の製造業を誇り，GDP（国内総生産）では世界10位圏だが，GAFAに代表されるプラットフォーマーは誕生しておらず，ピーク・コリア（成長鈍化）も懸念され，所得の再配分率も低い。高齢者の貧困率・自殺率はいずれもOCED（経済協力開発機構）のなかでいちばん高い。

第三の軸は，2010年代以降，特に若年層でみられるようになっ

たもので，社会的な次元である。保守は法と秩序，集合体を強調する一方で，進歩は個人，多様性，寛容を重視する。同じ進歩でも，「MZ世代（20-30代）」にとって「86世代」（1980年代に大学に通った60年代生まれ）は，「俺たちが若かった頃はだな……（라떼는 말이야）」とすぐに説教してくる「オワコン（꼰대）」に映っている。

大統領が国政課題を推進するためには，法律・予算・人事が国会で同意を得る必要があるが，保守与党「国民の力」と進歩野党「共に民主党」の二大政党は交差投票（党派を超えた投票）や「協治（協力＆政治）」はおろか，相互に「悪魔化」し，道徳的に裁断するありさまである。

| イデオロギー的・感情的分極化 | こうした保守／進歩の対立は文在寅政権以降，深刻化し，「イデオロギー的分極化」という状況になっている。保守から進歩へと一列に並んだとき，真ん中がいちばん高く，両端に行くにしたがってなだらかになる「富士山」型ではなく，保守と進歩のそれぞれに極があり，しかも際立った「ふたこぶ」型である。裾野もほとんど交わらない。

政治家だけでなく，有権者の間にも，相手側陣営に対する拒絶が強まっている。自分と党派性の異なる人々を同僚や親族として迎えられないだけでなく，道徳的にも「劣った」とみなす「感情的分極化」が進展している。たとえば，新型コロナのワクチン接種や日本産水産物消費など本来「非政治的」領域においても，党派間で行動選択に有意な差がみられる。

一方，保守／進歩のいずれも拒否する層，「中道」「支持政党なし」も３割前後，存在する。この層をどちらの陣営が取り込むかで選挙の勝敗はそのつどスイングするが，政治不信が高まるとアウトサイダーへの期待，そして政治体制そのものへの失望につながりかねない。政治経験ゼロの尹錫悦はそれがゆえに大統領に就いたが，それがゆえに賭金も大きい。

米国のピュー研究所は定期的に世界各国の対立軸について調査しているが，22年現在，90％の韓国人は「政党間対立が深刻である」と回答し，これは調査対象国19か国のなかで最大である。政党間対立，分極化の深化こそ，韓国政治の安定度を時系列比較・多国間比較のなかに位置づけるとともに，その行方を占う尺度のひとつである。

2　「帝王的」大統領制なのか

「比較的強い」憲法上の権限

　朴槿恵大統領の弾劾・罷免を受けて，韓国では「帝王的」大統領制が問題になり，文在寅大統領による憲法改正案が国会に提出・投票されたが，充足数に足らず，開票すらされなかった。

　大統領であれ首相であれ，執政長官の強さは，各国の憲法を測る「比較憲法プロジェクト」によると，法案提出，政令発出，憲法改正発議，国家緊急権，法案拒否権，違憲審査の要求，議会解散の7つの指標で測定・比較することができるという。いずれも憲法で規定されていることがほとんどである。韓国大統領は，前者5つの権限を有しており，憲法上の権限は「比較的強い」といえる。

　韓国国会が大統領の拒否権を無効化するためには，「出席議員の3分の2以上の賛成」が必要であるため，与党が3分の1以上の議席を有していれば，大統領は自ら望まない法律の成立は拒否することができる。

　さらに，韓国大統領は他の憲法機関に対する人事権を広く有している。大法院長（最高裁長官）や13名の大法官（最高裁判事）は「国会の同意」を得て任命する。また，9名の憲法裁判所裁判官のうち，長官を含めた3名は大統領が任命し，長官のみ「国会の同意」が必要である。

大統領は,「行政各部(省庁)」とは別に,大統領室という「執政中枢」を有している。秘書室長・政策室長・国家安保室長をはじめ,分野ごとに首席秘書官以下精鋭のスタッフが大統領を補佐している。文在寅政権では,「青瓦台(チョンワデ)政府」と揶揄されるほど政策立案・執行において大統領府が省庁を圧倒したが,龍山(ヨンサン)(国防部庁舎)に大統領室を移転した尹錫悦政権でも意思決定過程に変化はみられない。

|「その時々で変わる」党派的権力|

　憲法上の権限以外に,大統領の強さを規定するのが党派的権力である。まずは与党の国会議席数が過半数かどうかである。

　大統領が国政課題を推進するためには,法律・予算・人事によって裏づけされなければならない。それらの閾値(いきち)がすべて2分の1である。つまり,与党が2分の1以上の議席を有していると,単独で,議決が可能になる。

　しかし,民主化以降,10回の総選挙で与党が過半数議席を獲得したのは,2004年・08年・12年・20年の4回だけで,任期中ほぼずっと「与大野小」国会だったのは李明博大統領だけである。その他の大統領は,「与小野大」国会と対峙している。尹錫悦大統領は任期中,終始一貫して進歩系野党が多数を占める国会運営に苦戦している。

　大統領と国会多数派の党派性が異なるのは,大統領と国会それぞれの任期,選挙日程に拠るところが大きい。任期は,大統領が5年,国会が4年で,選挙日程は,大統領が12月(朴槿恵罷免直後だけは5月,それ以降は3月),国会が4月である。そのため,大統領ごとに選挙サイクルが異なり,総選挙が任期半ばに実施されると「業績評価」「大統領・与党に対する牽制」になりやすい。

　「全国同時」地方選挙も1998年以降,4年ごとに6月に実施され,広域自治体(都道府県に相当)・基礎自治体(市町村に相当)の首長・議会の両方を選出する「完全な統一」地方選挙である(補選で選

出されると，前任者の残余任期のみ務める）。そのため，個別の候補者や争点を検討するよりも，政党ラベルにしたがって一括投票しやすい。その結果，全国各地で風（ナショナル・スイング）が吹き，保守／進歩のどちらかが圧勝しやすい。

「与小野大」国会と「潜龍」

大統領の党派的権力を左右する，もうひとつの条件は，大統領がどれだけ与党を統制できるかである。

「大統領の任期は5年とし，重任することはできない」と当選回数が制限されているため，大統領は「任期」末に向けて「人気（支持率）」を失っていく「レイムダック化」は不可避である。そうしたなか，大統領に与する政党内でこそ，いずれ現職と差別化を図る次期大統領候補（「潜龍」）が常にいて，機会を虎視眈々と窺っている。

他にも，金大中は金鍾泌（キムジョンピル）と選挙協力することで大統領に就任し，首相（国務総理）をはじめ閣僚ポストを大幅に配分したが，太陽政策（対北朝鮮宥和政策）をめぐって対立し，連立が瓦解した。

韓国大統領選は，決選投票なしの相対多数制で実施されるため，執政連合は成立しにくい。総選挙も，2012年は選挙区レベルで一部，野党の候補者一本化が成立したことがあるが，基本的に二大政党制で，分極化が進むなか，連合政治はほぼみられない。文在寅政権に「汎野圏」として立法協力した「真の進歩派」正義党は，「与党の第二中隊」と批判され，第三党としての存在価値を示すことができなかった。

このように，大統領の党派的権力は，与党の国会統制と大統領の与党統制という2つの条件によって「その時々で異なる」変数である。韓国大統領は，憲法上の権限が「比較的強い」執政長官であるのは間違いないが，党派的権力は必ずしも強いとは限らない。むしろ，「与小野大」国会と「潜龍」という「前門の虎，後門の狼」の対応に苦慮しているのが常態である。

> 司法による牽制？

大統領も国会も，地方の首長も議会も，国民（住民）に直接選出され，代議制民主主義の下，委任・責任のメカニズムが機能することが期待されている。一方，非選出の憲法機関である司法は，「多数派の専制」から少数派や個人の不可侵の権利や自由を守り，ひいては自由民主主義体制を守護するのが使命である。

前述のとおり，韓国には憲法裁判所が存在し，大統領など高位公職者の弾劾審判，政党解散審判，法律の違憲審査，さらには国民が直接提起できる憲法訴願を専管している。弾劾審判では，大統領2件，閣僚1件，法官（裁判官）1件，検事1件について決定を下し，朴槿恵大統領を罷免した。政党解散審判では，12年総選挙で13議席を獲得した統合進歩党に対して，「民主的基本秩序」に反するとして，14年12月に解散を命じるとともに，議員資格も剥奪した。韓国憲法裁は「闘う民主主義」論に立脚しており，かつ，違憲審査においても積極的である。

そうした司法積極主義は外交・安保など政治問題／統治行為においても例外ではない。たとえば，慰安婦問題における韓国政府の「不作為」に対して，憲法裁は「違憲」決定（11年8月）を下し，これ以降，日韓合意（15年12月）に至るまで，日韓請求権協定という国際法と憲法の狭間で韓国政府はディレンマに陥った。

大法院（最高裁）も，旧朝鮮半島出身労働者（強制動員被害者）問題，いわゆる徴用工問題に関して，「慰謝料請求権」を認める判決（18年10月）を下したり，1972年に成立した「維新憲法」における緊急措置をめぐって，憲法裁との間で，その違憲審査の所管を争うなど，「2つの司法」の間でも対立・協力のダイナミズムがみられる。

こうしたなか，本来，国会において政党間で協議・妥協を重ねて政治的合意に至る（べき）争点も司法，特に憲法裁に持ち込み，その解決を委ねる「政治の司法化」が進むと同時に，どんな党派性を

もった誰が判事になるかという司法の構成 (の仕方) が政治的な争点になる「司法の政治化」も進んでいる。

3　1987年憲法体制の変化

> 「短い」1987年
> 憲法典

韓国では「憲政史」という用語がよく用いられる。朴槿恵大統領の退陣を求める「ろうそく集会」でも,「大韓民国は民主共和国である」(憲法第1条第1項) という曲が高らかに歌／謳われた。それだけ憲法と政治をめぐるダイナミズムが歴史的に展開されてきたということであり,「我ら大韓国民」は, 憲法のあり方そのものが争点になる「憲法政治」の局面では, 主権者として前面に登場する。韓国憲法は, 1948年に制定されてから87年に民主化し現行憲法 (1987年憲法) が成立するまで, 9回, 改正された。一方, それ以降, 37年間以上, 何度か改憲の試みはあったが, いちども実現していない。

1987年憲法は「短い」。前述の「比較憲法プロジェクト」によると, 英文換算で文字数が9059語で, 世界190か国のなかで39番目に少ない。そのなかでも, 人権規定は多いほうだが, 統治機構に関する規定が少ない。選挙制度や議会制度の詳細については法律に留保されている。したがって, 統治機構改革の多くには法律改正で十分で, 憲法改正はそもそも不要となる。

選挙制度や議会制度, 安全保障など国の基幹的政治制度を「憲法体制」とすると (駒村・待鳥 2016), 韓国では「1987年憲法の改正なき1987年憲法体制の変化」が続いている。

> 法律改正による
> 1987年憲法体制の変化

法律の制定・改正による1987年憲法体制の変化の例として選挙制度が挙げられる。選挙制度は, 誰が当選するのか, どの政党が議席を獲得するのかだけではなく, どういった争点が政治的に反映されるのかを規定

> ## Tea Break 1

「大韓民国」という国名

　「韓国」は「大韓民国」の略称である。英語名はRepublic of Koreaであり，Democratic People's Republic of Korea（朝鮮民主主義人民共和国）と同時に1991年に国連に加盟した。

　「大韓民国」という国名は1948年に憲法を起草する過程において票決を経て決定された。他の候補としては「高麗共和国」「朝鮮共和国」「韓国」があった。「高麗(コリョ)」はKoreaの語源になった王朝である。

　「朝鮮(チョソン)」は高麗を滅ぼして建てられた王朝（1392-1910年）だが，国号は中国皇帝から下賜された。日清戦争に敗れた清が「朝鮮国が完全無欠な独立自主の国であることを確認」（下関条約）すると，朝鮮は1897年に「大韓帝国」を名乗った。しかし，韓国併合条約（1910年）によって「大日本帝国」の植民地になると，再び「朝鮮」になった。

　三一独立宣言（1919年）では「我が朝鮮が独立国であることと朝鮮人が自主民であること」が謳われ，上海で「大韓民国臨時政府」が成立した。この臨時政府は中華民国を含めてどこからも国家として認められなかったが，注目すべきは，王政復古の動きはなく，「大韓民国は民主共和国とする」（臨時憲章第１条）と規定されて以来，現在まで一貫しているということである。

　「民主共和国(Republic)」とは，ただ単に「王がいない」ということだけでなく，「公の事柄(the public)」は「我ら大韓国民」が議論・決定するという「国のかたち」を示している。

する基幹的政治制度であるのは間違いない。

　1987年憲法では「国会議員の選挙区と比例代表制その他選挙に関する事項は法律で定める」と規定されており，公職選挙法は総選挙のたびに改正される。小選挙区比例代表並立制が用いられてきたが，政党への投票が別に行われる１人２票制が導入されたのは，憲法裁判所の違憲決定（2001年７月）を受けた04年総選挙以降である。地域区と比例区それぞれの配分議席数，総定数も固定されておらず，毎回，争点になる。

その背景には，首都圏への人口集中と憲法裁による「1票の格差」是正がある。憲法裁は「4倍以内」(1995年12月)から「3倍以内」(2001年10月)，「2倍以内」(14年10月)へと基準を厳格化してきた。そのなかで，当初は選挙区画定を直ちに「違憲・無効」としたが，法改正の方向と期限は定めつつも，具体的な方法は国会に立法裁量を認める「憲法不合致」という「変形決定」を活用した。これは，憲法裁判所法にも規定されておらず，慣行を通じて確立された制度であり，政治部門との間で「対話」(佐々木 2013)を行っているとみることができる。

　議会制度も，一院制や任期，法律や予算の議決要件などは憲法事項だが，委員会中心の運営や法律案上程の手続きなどは国会法で規定されている。12年の国会法改正によって，議事妨害，迅速審議手続き，国会議長による職権上程などの規程が大きく変わり，議会制度も法律の改正によって実質的に変化した。

| 憲法裁決定という法律改正の契機 | 法律の制定・改正による1987年憲法体制の変化は，公職選挙法の例でみたように，憲法裁の決定が契機になることが多い。

　憲法裁は1988年9月に設立されて以来，2023年8月までの35年間で，1109件の法律の違憲審判のうち，342件を違憲，99件を憲法不合致とした。また，47827件の憲法訴願のうち，389件を違憲，210件を憲法不合致とした。両者を合わせると，違憲・憲法不合致は1040件に達し，年平均35件，月平均3件という頻度である。

　朴正煕・全斗煥政権期にも，憲法委員会(1972年憲法第8章・1980憲法第6章)という憲法機関が存在したが，法律を違憲にしたケース(事例／判例)はひとつもなかった。こうした権威主義体制下に制定された法律を1987年憲法に照らして合わせて違憲・憲法不合致とすることで，法令全体が民主化した。

　大法院も，全斗煥や盧泰愚に対する「過去清算」のなかで，「12・

12粛軍クーデター (1979年)」(映画『ソウルの春』参照) は内乱であるとして断罪し,「光州事態 (1980年5月)」も「光州民主抗争」(ｸｧﾝｼﾞｭ)(映画『タクシー運転手 約束は海を越えて』参照) として再評価した。他にも,当初「パルゲンイ (原義は「アカ」で,共産主義 [北朝鮮] シンパを意味する) による暴挙」とされた事案が再審され,「政権による捏造(ねつ)」と真相が遅ればせながら究明されたことも少なくない。

憲法裁は政治だけでなく,社会のあり方も変容させてきた。典型例は同姓同本婚姻禁止・戸主制に対する「憲法不合致」決定 (2005年2月) によって家族関係登録簿が整備され,父・夫・息子といった「戸主」中心から個々人へと家族の姿が変容した。

このように,憲法裁も大法院も,1987年憲法の守護者として司法が本来の役割をようやく果たすことで,新興民主主義体制の定着に貢献すると同時に,その範囲内で,1987年憲法体制が変化する契機にもなっている。

| 政治制度に対する国民の信頼度 |

このように1987年憲法体制が変化しているなかで,政治制度や政治体制に対して韓国国民はどのくらい信頼しているのだろうか。

各国国民の価値観を長年にわたって調査している「世界価値観調査 (World Values Survey)」第7波によると,選挙に対する信頼は64.3%と比較的高い。しかし,議会や政党に対する信頼はそれぞれ20.7%,24.5%しかなく,先進国のなかでは米国に次ぐ低い水準である。選挙・議会・政党いずれも代議制民主主義の根幹であるが,イデオロギー的分極化が進むなかで,党派性の異なる政党を拒否・嫌悪するだけでなく政党システムそのもの,さらに政党間競争があってはじめて成り立つはずの議会制度を不信している。

政治体制に対する信頼は依然として70.1%あるが,「ストロングマン (強権政治)」や「テクノクラート (技術的な専門家)」による統治を容認する指向が過半数 (それぞれ66.8%, 53.0%) である。つま

り，代議制民主主義は「街で唯一のルール」「不可逆的な制度」ではなく，場合によっては代替可能なものとして理解されているということである。

代議制民主主義，自由民主主義体制の下，個別の政策をめぐって有権者や政党の間で異論があるのは当然である。だからこそ，議会で互いに協議・妥協を重ねて合意をそのつど形成していくことが重要で，それが「通常政治」の常態である。しかし，こんにちの韓国では，基幹的政治制度，すなわち1987年憲法体制自体に対する信頼が全般的に低く，保守／進歩の対立が激化し，全面化している。

4　少子高齢化と韓国民主主義のゆくえ

少子高齢化の政治学　韓国は少子高齢化が急速に進んでいる。出生率は2012年の1.30から22年には0.78まで，10年間で0.52ポイントも落ちた。この値はOECD（経済協力開発機構）のなかでいちばん低い（平均は1.58）。この間，年間結婚件数も32万7千件から19万1千件に急落した。20年現在，生涯非婚率は男性16.8％，女性7.6％である。23年末現在，単身世帯は994万に達し，全体の41.6％を占め，最多である。婚外子の比率は22年でも3.9％にすぎないため，結婚件数の低下は必然的に少子化につながる。

期待寿命も，80.9歳（男性77.6歳，女性84.2歳）から83.5歳（男性80.5歳，女性86.5歳）（新型コロナウイルス大流行の影響を勘案し20年の値）へと伸びた。中位年齢は，1987年の25.4歳から2022年の44.9歳へと，35年間で19.5歳も高くなった。この間，韓国は2000年に高齢化社会（65歳以上の高齢者が全人口に占める比率が7％以上），18年に高齢社会（14％以上）となり，24年には超高齢社会（20％以上）に突入する見込みである。

こうした人口学的地殻変動は政治にも重大な含意を有する。

たとえば、各年齢層が有権者総数に占める比率について、12年大統領選挙と22年大統領選挙を比較すると、わずか10年間で、20代は18.1％から17.1％へ1.0ポイント低くなった一方で、60代以上は20.8％から29.8％へと9.0ポイントも高くなっている。「民主主義とは、頭をかち割る代わりに頭数を数える制度だ」というが、高齢有権者の絶対数がそれだけ増えているわけである。さらに、一般に、高齢になるほど投票率が高くなるため、投票者比率でみると、若年層と高齢層で差はさらに開く。少子高齢化の傾向が強まるなか、この趨勢は今後、強まり、高齢層の意向がより反映される「シルバー民主主義」になると、世代「間」対立が噴出する。

「スプーン階級論」と年金改革　韓国の社会保障制度（年金・医療・介護・保育・失業など）は「後発型」であるが、独特の発展経路をたどった。全般的には、低負担・低福祉で、制度導入時、「若い」国民だったため、年金・医療など高齢者に特に偏っていたわけではない。近年、少子化が深刻化するなか（23年の出生率は0.72）、出産奨励金の支給や保育の拡充など既婚者や有子世帯に対する支援は拡大しているが、根本原因の非婚化・無子化はほとんど対策がとられていない。

韓国でも、男女問わず、収入が高ければ高いほど結婚率は高いため、若年層「内」の所得格差、特に大企業・公務員／中小企業、正規職／非正規職といった雇用形態の違い、さらには資産（不動産「マンション（아파트）」と金融）の世代（親子）「間」継承の有無、社会経済的地位（SES）の拡大・再生産といった課題こそ、社会的再生産や社会の持続可能性を左右している。出生時に咥えてきたスプーンが金・銀・銅・土かによってその後の人生が決まるという「スプーン階級論」はSESの固定を意味し、それは身分が生まれながらにして定まっていた前近代の「ヘル（地獄）朝鮮」というわけである。

さらに，年金改革は世代「間」対立の焦点である。韓国の高齢者，特に女性は，貧困率が高く，年金だけでは生活を賄えないため就労を続けざるをえない。一方，若年層は財源が2055年以前に枯渇することが確実視されているなかで，保険料を支払い，高齢者を支えなければならないという「不条理」に直面している。そのため，保険料（現行は，会社員の場合，9％で労働者・事業社が折半する）の引き上げと受給開始年齢（現行は63歳）の引き上げという「痛みをともなう改革」を断行しなければならないが，所得代替率（現役時所得のどれくらいを保障するか）について汎国民的な合意が形成されていない。

「イデニョ」による「抗議」

　こうした状況下で，2020年前後から，「イデニョ（20代女性）」は「イデナム（20代男性）」とは明らかに異なる選好・行動を示している。2000年代になって，年齢層や世代によって保守／進歩の差が登場し，若年層ほど進歩という傾向がみられたが，男女で差が決定的になったのが22年大統領選挙である。イデニョはイデナムより投票率が9ポイントも高く，保守「国民の力」の尹錫悦を支持したイデナムとは異なり，進歩「共に民主党」の李在明（イ ジェミョン）を圧倒的に支持した。前述の外交・安保，経済，社会の3つの領域でも，両者の選好は異なっている。

　そうでなくても，世代によって「保守／リベラル（進歩）」の理解の仕方自体が異なるなか（遠藤・ジョウ 2019），いまや男女によって社会化経験が異なるため，「Z世代」のように，一括りにするのはふさわしくない。

　韓国の場合，イデニョに限らない女性たちが自ら声を上げ，#MeToo運動に参加・共鳴し合いながら，政治・法曹・芸術などそこここで「男性支配」「性犯罪」が暴かれた。江南駅ミソジニー（女性嫌悪）殺人事件（16年5月）や小説『82年生まれ，キムジヨン』（チョ・ナムジュ 2023）などが契機になり，フェミニズムによる連帯とバックラッシュが起きた。この過程において，「国民の力」は「構

造的差別はすでに解消された」「女性家族部を廃止する」など「アンチ・フェミ」を政治化した。

『82年生まれ，キム・ジヨン』では，結婚・出産によって経歴が断絶してしまう34歳女性の葛藤が描かれたが，いまやイデニョたちは生涯非婚・無子というかたちでも「抗議」し，「身体による投票／わたしの身体のことはわたしが決める (My body, my choice)」と主張しているのである。

代議制民主主義・
政党政治の危機？ 他の先進民主主義国と同じように，新興民主主義国の成功例とされる韓国もこんにち，岐路に立っている。

選挙や政権交代は定期的に行われているし，大統領の弾劾・罷免も，1987年憲法が予定している手続きに基づいて行われた。同時に，世代，男女，首都圏／地方の相違・対立とあいまって，保守／進歩の分極化が進んでいる。それぞれ，見聞きするメディアが異なり，付き合う人も分かれ，親疎，さらには友敵関係が明確になっている。そうしたなか，「わたし（たち）だけが正しい」という確証バイアスが働くと，異論は，互いに認め合うのではなく，「正す」対象になる。

ポピュリストは「エリートは自分たちのことしか考えていない」「わたしだけが全人民を代表している」と称して登場し，代議制民主主義・政党政治のあり方が世界各地で根底から問われている。そもそも，代議制民主主義では，誰が誰を，何を代表するのか。「現代民主主義は政党なきには考えられない」というが，政党 (party) は本来，人民の一部 (a part) の利害や価値観しか代表しない（できない）。だからこそ，「複数政党制」が必要で，競争だけでなく，協議・妥協，「待つ」時間は不可欠なコストである。にもかかわらず，そうした手続きや過程を一足飛びに，「いま，ここ」で「わたし（たち）だけ」が直ちに正義を実現するとなると，現代民主主義は「危

機」に直面する（プシェボスキ 2023）。

　特に，少子高齢化が進む韓国では，まだ生まれていない将来世代との「世代間正義」がより深刻である。韓国政治のゆくえ，いや韓国そのものの持続可能性は，この点にかかっている。

📖🎬 おすすめ文献・映画

①**黒田亮，2016，『法服の王国――小説裁判官（上・下）』岩波現代文庫**．
　　司法のかたちも「統治のデザイン」次第である。日本の裁判官も，政治家や有権者の反応をにらみながら，判決文を書いていることが垣間見える。小説を通じて想像力を。

②**駒村圭吾・待鳥聡史編，2020，『統治のデザイン――日本の「憲法改正」を考えるために』弘文堂**．
　　政治制度を「デザインする」という見方から，日本の「国のかたち」にアプローチした憲法学と政治学の協働。現代韓国を多国間比較・時系列比較のなかに位置づけるうえでも有効。

③**春木育美，2020，『韓国社会の現在――超少子化，貧困・孤立化，デジタル化』中公新書**．
　　鋭い問題意識をもちつつも，「クールに」外国を研究する姿勢がヒシヒシと伝わってくる。社会的亀裂の政治争点化はどういう条件で可能か，畏友から教わるばかりである。

参考文献

李範俊（在日コリアン弁護士協会訳），2012，『憲法裁判所――韓国現代史を語る』日本加除出版．

遠藤晶久・ジョウ，ウィリー（2019）『イデオロギーと日本政治――世代で異なる「保守」と「革新」』新泉社．

岡克彦，2017，『「家族」という韓国の装置――血縁社会の法的なメカニズムとその変化』三省堂．

金成垣，2022，『韓国福祉国家の挑戦』明石書店．

駒村圭吾・待鳥聡史編，2016，『「憲法改正」の比較政治学』弘文堂．

佐々木雅寿，2013，『対話的違憲審査の理論』三省堂．

チョ・ナムジュ（斎藤真理子訳），2023，『82年生まれ，キム・ジヨン』ちくま文庫．

比較憲法プロジェクト (https://comparativeconstitutionsproject.org/).
プシェボスキ, アダム (吉田徹・伊﨑直志訳), 2023, 『民主主義の危機——比較分析が示す変容』白水社.
マッケルウェイン, ケネス・盛, 2022, 『日本国憲法の普遍と特異——その軌跡と定量的考察』千倉書房.
ミュラー, ヤン゠ヴェルナー (板橋拓己訳), 2017, 『ポピュリズムとは何か』岩波書店.

【浅羽祐樹】

column 2　脅威なのに無関心　複雑な対北朝鮮認識

　韓国の北朝鮮に対する認識は時代ごとに変化した。最初のキーワードは「北傀(ブッケ)」だろう。「北緯38度線の北側のソ連の傀儡(かいらい)」といった意味である。1948年、朝鮮半島の南北に大韓民国と朝鮮民主主義人民共和国が成立した当初から、韓国政府は北朝鮮をこう呼び、さげすんだ。

　朝鮮戦争（1950-53年）で北朝鮮は「脅威」に変わった。南侵した北朝鮮軍はソ連製の戦車などで重武装し、ソウルは3日で陥落した。100万人近い韓国の民間人が犠牲になった。

　60-70年代頃に生まれた韓国人は徹底した反共教育を受けた。「『北傀のパルゲンイ（アカ）』と聞くだけで恐ろしかった」と当時を振り返る人は多い。武装ゲリラの韓国侵入など、北朝鮮のテロにもおびえた。

　大きな変化が90年代後半に起きた。北朝鮮では「苦難の行軍」と呼ばれる経済危機で餓死者が続出。韓国は北朝鮮を逃れた人々（脱北者）を積極的に受け入れ始めた。脱北者が語る惨状に韓国人は涙し、北朝鮮は「哀れみ」の対象になった。

　2000年には包容政策を掲げた金大中(キムデジュン)大統領が初の南北首脳会談を実現させた。韓国軍の文書からも「北傀」という言葉が消えた。

　だが、南北はその後も和解と対立を繰り返し、統一プロセスに進展はなかった。韓国は経済やK-POPなどの文化で国際的な存在感を高め、北朝鮮は閉鎖的な独裁体制を強化した。韓国人にとって北朝鮮はあまりに異質な存在になった。

　3代目の最高指導者・金正恩(キムジョンウン)総書記は、韓国に核兵器を使用する可能性にも言及している。韓国政府の警戒感は強い。だが奇妙なことに、韓国社会では北朝鮮への「無関心」が広がっている。

　韓国政府傘下の統一研究院の23年の調査では、3人に1人だけが北朝鮮に関心があると答えた。北朝鮮は滅びる覚悟で米韓相手に戦争など起こせるわけがない、と大多数の韓国人は信じている。それよりも、韓国の激しい競争社会でどう生き残るかの方が切実な問題なのだ。

【中川孝之】

第 **2** 章

韓国は世界のなかで何を目指しているのか？
▶韓国外交の針路

2023年8月18日に行われた日米韓首脳会談

　キャンプ・デービッドでの日米韓首脳会談に臨む韓国の尹錫悦大統領，バイデン米大統領，岸田文雄首相。

出典：東京新聞web（2023年8月19日）（https://www.tokyo-np.co.jp/article_photo/list?article_id=271136&pid=1122309）。

1　韓国が描く自画像

4つの大国に囲まれる韓国　韓国では2018年に『ミスター・サンシャイン』というドラマが大ヒットした。19世紀末から20世紀初頭にかけて米・中・日・露の大国が東アジアで争い合っていた時代が背景となっているドラマである。当時弱小国であった韓国の支配権を日本が確立していくが，それを受け入れ順応する韓国の人々と，抵抗する人々との間の苦悩が視聴者を惹きつける物語になっている。100年前の韓国が舞台となっているドラマがこれほど注目を集めた理由は何であろうか。大国間の勢力争いが依然として繰り広げられているなか，韓国を取り巻く状況が，驚くべきことに100年前とあまり変化していないことから，多くの共感を生んだからであろう。韓国という国家の運命は東アジアの大国間関係から切り離して考えることはできない。

　実際，韓国の人々は長い間，「鯨の戦いにエビの背中がやぶれる」という諺を使って大国間の勢力争いのとばっちりを受けるしかない自国の状況を自嘲してきた。歴史的に中国大陸で支配勢力が交代するたびに，朝鮮半島は戦火につつまれた。近代に入ってからは海洋勢力（日本，米国）と大陸勢力（中国，ロシア）間の勢力争いに巻き込まれ，独立を保つことさえ難しい状況にも立たされ，日本の植民地となり国を失った。また，米国とソ連が対立した冷戦下では，最前線の国家となり，中国とソ連の支援をもとに北朝鮮が引き起こした朝鮮戦争で国家存亡の危機を経験した。韓国の人々は地政学的に厳しい国際関係のなかで生き残ってきたという歴史を共有している。

　国際秩序を独自で動かす力をもてない韓国にとって，大国同士の関係変化による秩序変動は最も重視される。秩序変動から派生してくる大国の東アジア政策や対朝鮮半島政策を分析したうえで，自国

の政策と接点を模索する作業は，いつの時代においても韓国外交の最重要課題とされてきた。2010年代以降，中国が米国と肩を並べる「大国」となり，韓国は米国と中国を最も重視するようになった。韓国にとって米国は同盟国であるが，中国は第一の貿易相手であるからである。米中が協力的であるなら，利益を享受することができる。一方で，両国間で摩擦が生じると，韓国外交の選択肢は狭まってしまう。米中の対立が激しさを増すなか，韓国外交は米中の間で難しい舵取りを迫られている。

> ミドル・パワー
> （中堅国）

大国同士の勢力争いに翻弄されてきた韓国であるが，民主化と経済成長による国際的地位の向上を背景に，新しく自己規定をするようになった。たとえば，盧武鉉(ノムヒョン)大統領は「100年前に列強の狭間で何の変数にもなれなかった国ではない」（2005年）との自信を表した。世界の国々と比べても韓国は遜色のない民主主義と経済発展を実現した国であり，地域構造変動の主体になりつつあることも強調した。そして，一度も戦争を仕掛けたことのない唯一の伝統的平和勢力として地域で主体的に平和を促進するために努力すると語り，域内の大国とは異なる国際関係のあり方を模索する意思を表明した。地政学的に厳しい状況を回避し克服しようとする意識が芽生え始めたのである。

それ以来，先進国として大きくなった国力をどう活用し，地域の平和と安定をもたらす役割をどう果たすかが，韓国外交の課題となっている。李明博(イミョンバク)政権は「グローバルコリア」（09年）を掲げ，植民地，分断，戦争，貧しさを乗り越えた先進国として，地球規模の課題に貢献する方向性を示した。それまで朝鮮半島に限定された消極的で縮小志向的な外交から抜け出すことを強調した。また，文在寅(ムンジェイン)政権は大陸と海洋を結ぶ架橋(きょうりょう)のような役割を想定した「橋梁国家」（19年）としての自己規定を示した。大陸勢力と海洋勢力の間に挟まれている地政学的条件を活かし，地域の国際関係における対立

を緩和させる媒介として自国を位置づけた。そして、尹錫悦(ユンソンニョル)政権は「グローバル中枢国家」(22年)を提示し、韓国外交の焦点をグローバルイシューへと向けていくべきだと強調した。世界の自由、平和、繁栄に寄与し、インド太平洋地域、ヨーロッパとも安全保障協力を拡大していく方針を示した。

このように韓国は、地政学的に厳しい状況のなかにありながらも、自己規定を仕直しながら、短期的な利益のために大国に便乗する弱小国外交でも、力で他国に影響を及ぼそうとする大国外交でもない、ミドル・パワー(中堅国)外交を追い求めている。国際社会において韓国は経済や情報技術の分野では先進国として認められているが、国際政治や安全保障分野においては、その役割をどう見出していくかを、模索し続けているのである。

分断国家という条件

北朝鮮との分断国家であるということほど、韓国外交に大きな影響を与える要素はない。分断国家というのは「分断」という未完の状態から「統一」という完成を求める。韓国と北朝鮮も例外ではない。南北双方にとって統一はナショナリズムと深く結びついている。

南北朝鮮は、国際法上、今なお戦争状態にある。1950年6月に北朝鮮が韓国を武力で統一しようと引き起こした朝鮮戦争は、53年7月に休戦したが、それは戦闘行為を一時的に中止したものにすぎない。それゆえ、韓国外交において安全保障と休戦状態を平和状態に変える課題が大きな比重を占めている。

北朝鮮によって武力で併合される寸前まで追い込まれた韓国にとって、北朝鮮の軍事行動を思い止ませる抑止力を強化することは急務であった。そのために、休戦協定を締結してから間もない53年10月1日に、米国と相互防衛条約を締結し、米軍が韓国に駐屯するようになった。現在もドイツや日本に次ぐ約2万8500人が駐屯している。首都ソウルから約60km離れた平沢(ピョンテク)市に位置するハン

フリース基地は、米軍海外基地のなかで、単一基地としては世界最大である。事実、米韓同盟の成立後、中国やソ連 (現ロシア) が朝鮮半島の武力統一を計画したり、支持したりしたことはなかった。

分断の原因となった世界の冷戦は終結したにもかかわらず、朝鮮半島における対立は未だ解消されていない。韓国は冷戦終結前に民主化を達成し、経済発展を遂げた。南北それぞれの政府が樹立して以降続いてきた体制競争では、韓国優位が明確になった。韓国はソ連 (90年) や中国 (92年) との国交正常化にも成功したが、北朝鮮は米国や日本との関係改善を試みたものの、北朝鮮の核開発疑惑が大きな障害となり、国交正常化に失敗した。北朝鮮が国際的に劣勢を強いられるなか、朝鮮半島の対立構図は解消されず、北朝鮮の核開発問題をめぐる対立が深まってしまう事態となった。北朝鮮の核問題が国際的なイシューとなってから30年以上が過ぎたが、解決の糸口は見出せていない。

韓国は北朝鮮と厳しく対立する一方で、北朝鮮との対話と協力を通して核問題を解決し、持続可能な平和をつくり出そうと努力することもしてきた。持続可能な平和のためには相手の軍事的な侵略を抑止したうえで、互いに共存を選択し、米朝・日朝の国交正常化を実現することが不可欠である。また、こうした変化が東アジア地域の安定に貢献するものとして周囲の国々に支持されなければならない。韓国外交は、朝鮮半島の持続可能な平和を実現するために南北協力をどのように見出し、周辺国の協力を獲得していくか、という課題を抱えている。

2 朝鮮半島の平和構築

保守／進歩が
対立する対北政策

韓国の外交安保において大きな比重を占めているのは、朝鮮半島の平和をどのようにつく

り出すかである。戦争を防ぎ,平和をつくり出すという理念は,どの政治勢力においても共通する。しかし,「平和を力で守っていくのか」,あるいは「平和を協力してつくっていくのか」という基本的な方向性においては,保守勢力／進歩勢力の左右対立が鮮明に現れている。

1987年の民主化以降,韓国では進歩と保守の間での政権交代が定着している。韓国政治においては進歩が,民族主義意識が強く,北朝鮮と協力しながら平和をつくり出すことに政策の重点を置いている。金大中(キムデジュン)・盧武鉉・文在寅政権は北朝鮮との対話によって安定的な関係を形成し,北朝鮮を非核化の道に誘導する政策に重きをおいた。特に,文在寅政権は,米朝首脳会談を仲介する役割まで演じた。北朝鮮に対し圧力をかけることを重視する米国・日本と,圧力の限界を主張する中国・ロシアとで対応が分かれるなか,平和的な方法で北朝鮮の核問題を解決すべきであると一貫した立場をとった。

これに対して,保守の李明博・朴槿恵(パククネ)・尹錫悦政権は,北朝鮮の核放棄を両国協力の前提条件とし,「力による圧力」を重視している。保守は進歩の対北朝鮮政策を屈従的なものだと批判し,米韓同盟の強化を通じて北朝鮮の脅威に対応する。平和を力で守ることに重点を置いているのである。また,北朝鮮が急変事態によって崩壊するという見方をもち,共存よりは,吸収すべき対象だとみる。現在の尹錫悦政権が「力による平和」を強調しているのは,こうした保守政権の典型的な政策である。韓国社会において北朝鮮問題は「南々葛藤」(北朝鮮政策をめぐる韓国国内での保守勢力と進歩勢力の間の対立)の原因となっている。

進歩政権で実現した南北首脳会談　南北首脳会談は,いずれも進歩の金大中(2000年)・盧武鉉(07年)・文在寅(18年)政権下で実現された。進歩政権は北朝鮮を平和的に共存し,ともに繁栄すべき対象としてみる。北朝鮮に対する人道的支援を行い,交流・協力を

Tea Break 2

朝鮮半島における「1民族2国家」

　分断国家である韓国と北朝鮮において、統一問題は政権の正統性と関わる重要課題である。これまで南北はそれぞれ統一方案を発表し、統一議論を有利に進めようとしてきた。ところが、北朝鮮の金正恩委員長は「わが国家第一主義」を掲げ、韓国をそれまでの「南側」ではなく、正式名称である「大韓民国」と呼び始めた。また、朝鮮労働党中央委員会総会（2023年12月26～30日）では、「北南関係は、同族関係、同質関係ではなく、敵対的な2つの国家関係、戦争中にある2つの交戦国の関係に完全に固着化した」と規定した。1991年12月の南北基本合意書で、「国と国の間の関係ではなく、統一を指向する過程で暫定的に形成された特殊な関係であることを認め、平和統一を成就するための共同の努力を傾ける」と謳った関係からの転換が図られている。他方、韓国の尹錫悦大統領は外交・内政においては理念を重視し、北朝鮮を「共産全体主義」と呼び始め、「自由民主主義国家韓国」と差別化を図っている。

　韓国・北朝鮮による双方への敵対的な政策の強化によって、民族よりも国家対国家としての南北関係が定着する可能性がある。この動きは短期的には統一論と緊張関係を生み出すと思われるが、長期的には「1民族2国家」をもとにした敵対的な共存関係の基盤として機能する可能性がある。

促進して友好的な関係をつくり出すことで、戦争の恐れのない朝鮮半島を構築しようとする。戦争を中止しただけの現在の休戦体制から、平和体制に持って行くことに積極的である。

　表2-1で示したように、2000年6月、金大中大統領と金正日委員長の首脳会談後に出された「6・15南北共同声明」では、統一のための南側の連合制と北側の連邦制は共通性があると認め、統一志向を明確に示したほか、「民族経済の均衡的発展」という観点から、南北経済協力の意義を位置づけていた。続く盧武鉉政権期には、南北間の経済協力の象徴である開城工業団地を開くことになった（03年着工、16年閉鎖）。

表2-1　南北首脳会談の共同宣言の主な内容

	「6・15南北共同声明」 (2000年6月15日)	「南北関係発展と平和繁栄のための宣言」 (2007年10月4日)	「韓半島の平和と繁栄,統一のための板門店宣言」 (2018年4月27日)
南北間平和	・互いの理解を増進させ,南北関係を発展させる	・軍事的な敵対関係を終息させるため,直接関連する3か国ないし4か国で終戦を宣言	・軍事的緊張状態の緩和,戦争の脅威を解消 ・終戦宣言後,休戦協定を平和協定へ転換。平和体制を構築するために南北米の3者ないし南北米中の4者会談の開催を推進 ・朝鮮半島の完全な非核化のために南北が共同で努力
統一問題	・民族同士で自主的に解決 ・南側の連合制案と北側の低い段階での連邦制案には,互いに共通性があると認め,この方向で統一を志向	・思想と制度の差異を超え,相互尊重信頼関係への転換 ・統一を指向していくために,法律的,制度的整備を行う	言及なし
経済協力	・経済協力を通して民族経済を均衡的に発展させ,協力と交流を活性化し,信頼を高める	・民族経済を均衡的発展と共同の繁栄のため,経済協力事業を持続的に拡大	・民族経済を均衡的発展と共同繁栄のため経済協力事業を推進 ・東海線及び京義線鉄道と道路を連結し,現代化

出典:南北首脳会談の共同宣言をもとに筆者作成。

　そして金大中・盧武鉉政権の政策を継承した文在寅政権が重視したのは,南北間で具体的な軍事合意を締結し,最終的には平和体制を構築することであった。文在寅大統領と金正恩(キムジョンウン)委員長は軍事的緊張緩和に向けた段階的な措置を,「現状の休戦協定→終戦宣言→平和協定の締結→平和体制の構築」という順で設定した。終戦宣言を通して軍事的脅威が弱まれば,長い時間がかかる非核化過程を安定的に始められると考えたのである。

　また,北朝鮮との軍事衝突を防ぐため,初歩的な軍備統制に向けた合意形成に力を入れた。18年9月に平壌で開かれた南北首脳会談では,国防長官同士で「板門店(パンムンジョン)宣言履行のための軍事分野合意書」に署名したが,そのなかには,南北は武力衝突が頻発した黄海の平

和水域化，飛行禁止区域の設定など軍事的緊張を緩和する措置が盛り込まれた。南北間の武力衝突の可能性を取り除くことで，非核化をめぐる米朝交渉が偶発的な南北の軍事衝突によって妨害されることなく進められる環境を整えたのである。

　進歩政権と保守政権の対北朝鮮政策における違いを考えると，南北首脳会談が韓国の進歩政権期にのみ行われてきた理由が容易に理解できる。北朝鮮は韓国政権の特徴を見極めたうえで韓国と向きあっているといえる。

> 統一か，
> 平和共存か

　韓国社会における統一に関する論議は，民族の同質性を回復するために当然成し遂げるべきものであると，長年認識されてきた。分断の歴史は70年あるが，それ以前はひとつの民族として5000年の歴史をともに歩んできたという認識が強い。

　しかし，こうした認識は変化してきている。韓国政府の対北政策は統一そのものよりは，平和共存を重視するようになった。**表2-1**で示したように，2000年と07年の南北首脳会談では，南北間の平和と経済協力以外に，統一問題にふれているが，18年の会談では統一問題に一切触れていない。むしろ信頼醸成に努め，停戦協定を平和協定に変えるなど，平和を制度化していくことに重点を置いていることがわかる。これは韓国政府が統一を諦めたからではない。統一のためには，軍事的な敵対関係を終息させ，経済協力を通して平和的に共存する関係を作らなければならないという認識が根底にあるからである。また，ソウル大学校統一平和研究所が毎年行っている「統一意識調査」によれば，統一の必要性に対する否定的な認識が増加し続け，23年には過去最高を記録した。「同じ民族であるから」統一すべきという意見は減少している一方で，「南北間の戦争脅威をなくすため」や「韓国がより先進国になるために」統一が必要であるという意見が5割を超えた。しかも，MZ世代（1985-

2004年生まれ)の場合は,6割の人がこの項目を選択している。民族主義よりは,統一がもたらす利益と損失を考える実利的な観点から統一問題を認識している人が増加している(ソウル大学校統一平和研究院 2023)。

3 「均衡外交」の模索

新しい外交理念　2010年代から始まった米中対立という国際関係の構造変動を受け,韓国は米中の間で「均衡外交(バランス外交)」を模索し続けてきた。韓国にとって米国は安全保障に欠かせない同盟国である。保守／進歩を問わず,安全保障の根幹である米韓同盟を重視している。他方,中国は第一の貿易相手国であり,北朝鮮の核・ミサイル開発を抑制して北朝鮮を開放と改革の方向に導いてくれる国として期待される。また,南北の統一を視野にいれた場合,中国の協力は欠かせない。韓国の外交安保にとって,米中のどちらかを選択しなければならないような状況は,回避しなければならないのである。

それゆえ,韓国の均衡外交は,米中のどちらかを選択して,地域秩序のバランスを保とうとする勢力均衡外交とは異なる。むしろ,東アジア地域における大国間の対立構造に巻き込まれないために,大国の政策間で調和を図ったり,対立する国家の間で仲介を行ったりする外交である。

この「均衡外交」が外交理念として初めて登場したのは,進歩勢力の盧武鉉政権時代である。同政権は「均衡的実用外交」を掲げ,米国に追従する外交から,外交的自律性を追求した。外交安保関係において摩擦が続く東アジア諸国の関係を協力関係に転換させるために,米朝,米中の間で仲介と政策調整の役割を果たそうとした。盧武鉉の問題意識は,大国間権力政治の犠牲となった過去の厳しい

歴史を教訓に，大国決定論ないし弱小国運命論を克服することにあった。

この理念は，北朝鮮の第2次核危機に対応するなかで政策化された。当時の米国ブッシュ大統領は北朝鮮を「悪の枢軸」と呼び，北朝鮮の非核化を圧迫していたので，米朝の間では軍事衝突が起こる可能性が高まっていった。韓国は米韓の同盟関係を重視しながらも，米朝が武力解決することを回避し，対話による問題解決をするように試みた。その過程において，米国との政策的対立を避けなかった。盧武鉉政権にとって「韓米関係は南北関係とコインの裏表でもあった」からである（文在寅 2018：220）。盧武鉉の「均衡外交」は，戦争回避を目的に米朝間でバランスをとることであった。こうしたバランス感覚は，18年に文在寅政権が米朝首脳会談を仲介する際の基礎となった。

大国の板挟み状態

盧武鉉政権以降，保守／進歩の間で政権交代が何度も行われたが，「均衡外交」の発想は引き継がれていった。保守の朴槿恵大統領は，15年9月に米国の同盟国首脳陣のうち，唯一，中国の戦勝70周年記念式典に参加した。その一方で米韓同盟の結束を図り，米国の要求を受け入れ，安倍政権との間では慰安婦問題の解決に取り組んだ。中国の大国化を受けて韓国は中国重視の外交を展開するようになり，日本との関係が相対的に軽視されているかのようにみえたが，日韓慰安婦合意（15年）を通して米国が求める日韓関係を復元させた。朴槿恵の均衡外交は，対米政策と対中政策の調和を図ろうとするものであった。

しかし，朴槿恵が追求した均衡外交は，北朝鮮からの軍事挑発を受けて崩れてしまう。北朝鮮の軍事挑発を抑制することを求めた朴政権の要請を中国が受け入れなかったからである。そのため，朴政権は米国や日本との関係強化を図らざるをえなかった。それまでは対中関係への影響を懸念して米国の要求に応じずにいた

THAAD（終末高度防衛ミサイル）の配備を決定した。また，日韓GSOMIA（軍事情報包括保護協定）を締結し，安保協力を強化した。こうした韓国の措置は当然ながら中国の反発を招くこととなった。北朝鮮問題への対応をめぐる中韓両国の政策調整が実現されないまま，中国は韓国に対する経済報復に乗り出した。韓国は米中の狭間で均衡外交を展開していたが，二者択一を迫られる状況に陥ってしまったのである。北朝鮮問題は，大国の板挟み状態にある韓国の現実を再認識する出来事であった。

日韓摩擦のひとつの要因

韓国の均衡外交は，日本と外交摩擦を生む一因となった。北朝鮮政策と中国政策をめぐって，日韓の間で相違が存在したからである。日本は，朴槿恵政権が北朝鮮問題に対する協力を得ようと中国に接近したことについて，韓国外交の対中傾斜として警戒した。また，18年に文在寅政権が北朝鮮に対して宥和政策を取り，米朝首脳会談を仲介することに対しても，安倍政権は懐疑的であった。米朝首脳会談での合意を促すために動いた韓国とは対照的に，日本は米国が北朝鮮に譲歩しないように働きかけ，合意が生まれることを避けようとした。

安倍政権は，南北関係や米朝関係で合意が行われば，北朝鮮への制裁が緩み，圧力路線が揺らぐことになるのを懸念していた。また，南北間の休戦体制が平和体制に変わるとなると，東アジアの安全保障の枠組みも同時に変わってしまうと憂慮していた。北朝鮮の非核化が一気に進まないなか，在韓米軍に変化が起こり，それが東アジアにおける抑止力低下につながるのではないかと恐れていたのである。

他方，文政権は韓国・北朝鮮・米国の3者間の駆け引きにもっぱら集中し，休戦体制の変化に敏感になっていた日本には関心を向けなかった。また，日米同盟を強化して中国を牽制しようとする日本との安保協力には慎重であった。日韓が安保協力を強めること

が，中国や北朝鮮を刺激し，東アジアで新冷戦を招くと恐れたからであった。

このように地域の緊張緩和のために均衡外交を展開しようとする韓国と，抑止力確保を重視する日本の間では，政策的連携が難しい側面を抱えていた。

4　「インド太平洋」構想と韓国外交

「北東アジア」から「インド太平洋」へ　2017年11月，トランプ大統領と安倍晋三首相は法の支配や自由主義の価値・原則の拡散を重視する姿勢を示す「自由で開かれたインド太平洋」戦略を発表した。同戦略は，インド洋と太平洋をつなぐ新しい地域概念であり，強硬的な外交を展開する中国に，地域の主導権を奪われないよう同盟を強化し，民主主義価値に基づいた協力を打ち出したものである。

このように海洋勢力（日本，米国）によって新しい地域概念が登場したが，当初韓国はこうした動きに歩調をあわせることができなかった。韓国が依然として重視していたのは「北東アジア」だったからである。韓国は冷戦終結後，「北方政策」を展開し，中国やソ連と国交正常化を果たした。そして，それまでの日本や米国との関係だけでなく，中国やロシア，北朝鮮も含めた6者関係を視野に入れた北東アジアの多国間安保協力を提示するようになる。その後の政権が打ち出してきた地域構想は，北東アジアを想定したものであった。朝鮮半島の平和を達成するためには，中国やロシアとの協力が欠かせないと考えていたのである。

こうした政策基調は，文在寅政権においても変わらなかった。日本が「インド太平洋」構想を積極的に推進する動きを，中国を牽制するためのものだととらえ，それに参画することはなかった。文政権は北朝鮮の核・ミサイル開発問題に対応するために，中国の建設

的な役割を期待していたからである。そこで，17年10月に，THAADの配備によって発生した中国との葛藤を解消しようと，THAADの追加配備をしないことや米国のミサイル防御体制に参加しないこと，そして日米韓の安保協力を軍事同盟へ発展させない方針を発表した。このような状況下で中国を牽制する色合いの強い「インド太平洋」構想を受け入れることは難しかったのである。

　その代わりに，文政権は日本と米国の「インド太平洋」構想と韓国の「新南方政策」との調和や協力を模索した。新南方政策とは，地理的に範囲が被る東南アジアでの協力を想定し，開発協力，インフラ投資，エネルギーなどの経済領域における韓国の役割を見出そうとしたものである。米国は韓国を巻き込む形で中国包囲網を作るよりも，韓国の持つ経済力や技術力を活用した地域のセーフティーネットを張りめぐらすことで，同地域における米国の影響力低下を補おうとした。軍事力中心の対中抑止だけでは，中国との戦略競争に対抗できないと判断したのであろう。こうして韓国は「新南方政策」を通して「インド太平洋」構想を一定程度受け入れ，協力可能な領域を見出すようになった。

韓国版「インド太平洋戦略」の策定　「インド太平洋」構想に対する韓国の対応は，22年5月の尹錫悦政権の発足とともに変化した。世界情勢においては，米中戦略競争が激化し，ロシアによるウクライナ侵攻によって米露対立が深刻化していた。また北朝鮮が非核化から完全に離脱し，韓国をターゲットにした戦術核の開発に乗り出していたことで南北関係は悪化していた。民主主義陣営と権威主義陣営の間で対立が激化していくなか，韓国国内では，進歩政権が掲げてきた均衡外交では，新しい情勢にうまく対応できないのではないかという疑問が湧くようになっていた。韓国外交が志向する価値と方向性を明確に示す必要性に迫られた。こうした時期に，自由民主主義国との連携を強化し，また米韓同盟と日米韓安保協力を

通して対北朝鮮の抑止力強化を重視するとともに，中国牽制も視野に入れた外交政策を展開しようとする保守の尹政権が発足したのである。

尹政権はインド太平洋地域での安全保障協力を拡大していく方針を掲げ，前任の文政権が距離を取っていた「インド太平洋」の概念を公式的に受け入れた。「自由・平和・繁栄のインド太平洋戦略」を策定し，地域政策の空間を北東アジアから，インド太平洋へと移した。インド太平洋地域において，自由，法治，人権などの価値を共有する米国，日本，インド，オーストラリア，ヨーロッパ諸国と連帯し，経済的な観点だけでなく，地域の秩序構築に積極的に参画する意志も明らかにした。

韓国版インド太平洋戦略は，日本が打ち出した「自由で開かれたインド太平洋」構想と非常に似ている。米国や日本と価値を共有し，同じ用語で概念化を試み，協力を推進していく方向性を明確に示している。尹政権はインド太平洋戦略のなかで「包容」を掲げ，特定の国家を排除しない方針をとっている。しかし，普遍的な価値やルールを基盤とした国際秩序を強調したことは，中国とは距離を取る志向を示したといえる。

日韓関係の改善　尹政権発足とともに劇的な変化を遂げたのは日韓関係である。同政権は，北朝鮮に対する抑止力強化やインド太平洋戦略における米国との連携強化のために日本との関係改善は欠かせないと考えた。尹錫悦は日本を「世界市民の自由を脅かす挑戦に立ち向かい，ともに力をあわせていくべき隣人」（22年8月15日の光復節演談）と位置づけたうえで，互いに尊重し合いながら，経済，安保，社会，文化にわたる幅広い協力を通して国際社会の平和と繁栄に寄与しなければならないと説いた。さらに日韓関係が「普遍的な価値を基盤に両国の未来と時代的使命に向けて進むとき，歴史問題もきちんと解決できる」とも語った。歴史

問題の解決を関係強化の前提条件にするのではなく,むしろ双方が直面している課題に一緒に向き合い,協力し合うことで,歴史問題も解決できるという認識を表したのである。そして,23年3月に徴用工問題の解決案として「第3者弁済案」,つまり韓国政府が日本企業に代わって元徴用工らに慰謝料を支払う措置に乗り出した。この尹政権のイニシアチブにより,18年10月の大法院(最高裁)判決以降悪化していた日韓関係は改善に向かい始めた。

歴史認識問題によって政治摩擦が続いてきた両国関係ではあるが,東アジアにおける日韓両国の立ち位置に関しては,不変的な共通項が存在する。米中対立や北朝鮮問題への向き合い方には乖離があるものの,その外交課題においては日韓両国が共通の利害を抱えているのである。両国とも,国際秩序の変動を「所与」として外交安保政策を組み立て,国際秩序を維持する役割を担っていく必要がある。こうした側面から韓国は日本との共通基盤を確認しつつ,政策転換を行ったのである。

「日米韓」安保協力の強化

インド太平洋戦略の策定や日韓関係の改善をもとに,韓国は日米韓3国関係強化を図った。23年6月11日に開かれた日米韓の国防長官会談では,北朝鮮のミサイル警戒や探知,追跡のために3国が一層活動を具体化していくことに合意した。さらに,自由で開かれたインド太平洋を実現するための情報共有,ハイレベル政策協議,共同訓練を含む重要課題に対する3国間の協力を深化させることにも合意した。こうした防衛当局者間の協議を経て,韓国近海で日本の海上自衛隊と韓国海軍が米海軍とともに,対潜水艦戦訓練を実施した。

同年10月3日以降は,フィリピン沿岸地域の防衛を想定した米国・フィリピンの共同訓練に韓国の海兵隊と陸上自衛隊が初めて参加した。島嶼の奪還を想定した海岸線上陸作戦と核兵器や化学兵器の対処法などの訓練を行った。共同同訓練は,南シナ海での海洋進

出を強化している中国を念頭に，米軍とフィリピン海兵隊が16年から実施してきた訓練である。ここに初めて韓国の海兵隊と日本の陸上自衛隊が参加して，4か国の共同訓練として実施されたのである。日米韓の安保協力が朝鮮半島周辺を超えて，南シナ海へと拡大した。尹政権が，日本と米国が主導する「自由で開かれたインド太平洋」戦略と連携し，中国を牽制することも視野に入れていることが具体的に示されたのである。

こうした過程を経て，23年8月，日米韓の首脳は，キャンプデービッド宣言を通して，インド太平洋地域における3国の協力内容を示した。それにはASEAN地域の開発，インフラ投資，南シナ海と台湾海峡の安全保障，人権問題，太平洋島嶼国への支援などが含まれていた。韓国は日米韓の協力枠組みを通して，インド太平洋地域の主要課題に取り組む姿勢を明確に示したのである。

おすすめ文献・映画

①ユン・ジュン監督，2014,『国際市場で逢いましょう』(映画).
　韓国の現代史を描いて大ヒットした。朝鮮戦争や海外への労働者派遣，離散家族捜しなどを背景にしており，現代韓国を理解するうえで役立つ。
②木宮正史，2021,『日韓関係史』岩波新書.
　戦後日韓関係がどのような道をたどってきたのかを取り上げている。国際秩序の変動に対する韓国外交の対応を理解するうえで参考になる。

参考文献

安倍晋三，2023,『安倍晋三回顧録』中央公論新社.
木宮正史，2021,『日韓関係史』岩波新書.
ボルトン，ジョン (関根光宏ほか訳)，2020,『ジョン・ボルトン回顧録——トランプ大統領との453日』朝日新聞出版.
文在寅 (矢野百合子訳)，2018,『運命——文在寅自伝』岩波書店.
崔慶原，2022,「韓国外交における『均衡論』——自律性の追求から中堅国外交へ」『常葉大学外国語学部紀要』(38)：1-16.

崔慶原，2023，「終わらない朝鮮戦争――失われた機会二〇一八〜二〇一九」『歴史評論』880：66-76.
林東源（波佐場清訳），2008，『南北首脳会談への道――林東源回顧録』岩波書店.
平井久志，2024，『金正恩の革命思想――北朝鮮における指導理念の変遷』筑摩選書.

〔韓国語〕

大韓民国政府，2022，『自由，平和，繁栄のインド太平洋戦略』.
ソウル大学校統一平和研究院，2023，『2023統一意識調査』.

【崔　慶原】

column 3 　なぜ韓国はキャッシュレス先進国になれたのか？

　韓国は政府や社会分野のデジタル化はもちろん，キャッシュレスにおいても世界トップクラスの国である。では，なぜ韓国はキャッシュレス先進国になれたのだろうか。

　答えは1997年に遡る。当時，アジアを揺るがした通貨危機は韓国にも大きな影響を及ぼし，その結果，社会システム全体の見直しが行われた。その一環として，税収を増やすために決済方法も見直されたのだが，これが変化のきっかけになったのである。

　注目すべきは，韓国の場合，クレジット（デビットも含む）カードを中心にキャッシュレス化したことにある。使い過ぎによる個人破産などの社会問題はあったものの，現金とは異なりデジタルで記録とマネーフローが確認できるクレジットカードは急速に普及し，2020年以降では全決済の約80％がカード決済によって行われるようになった。

　これには政府や企業などの多角的な政策やサポートも影響している。まず政府は決済を受ける店舗や企業側が対応できるように決済端末を支援し，店舗や企業が負担する支払い手数料を大きく引き下げた。一方，キャッシュレス決済を拒否した側には罰則を設けて使用率を上げた。さらに，政府主導で高速ネット網を整備することで迅速な決済とマネーフローデータの集約も可能にしている。

　使用者のメリットも増えた。まず，カード支払いに対し年末調整での控除額が大幅に増加した。各カード会社は，分割手数料の無料化や映画館・ファミレス・オンラインショッピングサイトなどでの割引などのサービスを提供した。また，カードで交通料金の後払いがほぼ全国の交通機関で利用できるようになるとカードの普及はさらに加速した。

　2010年代以降，本格的なスマホ時代になると世界的な流れと同じように銀行決済サービスなども取り入れたスマホ決済やQR決済も増えている。その結果，韓国は日常生活では現金がいらない，スマホだけ持ち歩くのが当たり前のキャッシュレス社会へと変貌を遂げたのである。

【河　昇彬】

第 **3** 章

進化する韓国経済？
▶最先端ロジック半導体・バイオ・AI

サムスン電子のメモリー半導体（NAND）

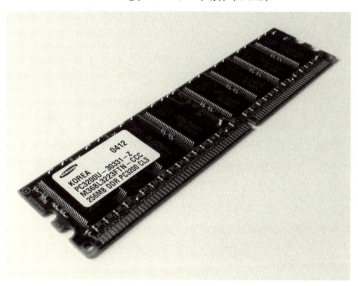

　韓国の主力産業である半導体のなかでも特に世界市場シェアをもっているメモリー半導体。NANDについては，サムスン電子が世界シェアの3割程度で1位，2位のSKハイニックスと合わせると韓国全体では半分以上のシェアを有している。

出典：https://commons.wikimedia.org/wiki/File:Samsung_PC3200U-30331-Z_256MB_20060809.jpg.

1　韓国経済の歩み

年率７％に
近い成長　韓国はG7（先進国首脳会議）には入っていないが，G20（金融・世界経済に関する首脳会合）やOECD（経済協力開発機構）には入っており，先進国の仲間入りをしてから久しい。IMF（国際通貨基金）のWorld Economic Outlook Database（2023年10月）によると，2023年のGDP（国内総生産）の水準は1.7兆ドルで，数字がとれる191か国中13位であり，ロシアよりは若干水準は低いものの，オーストラリアよりも高い（図3-1）。国民の豊かさを示す１人あたりGDPについては23年において３万3147ドルで36位，おおよそ日本と同じ水準である。この数値に鑑みれば，韓国経済は世界でも存在感のあるものとなっている。

韓国ではGDP統計が1953年，つまり70年前にまで遡ることができる。物価変動の影響を差し引いた実質GDPをみると，当時は20.1兆ウォンであった。これが2023年には1996兆ウォンにまで成長している。70年間の年平均成長率は6.8%であり，これだけの期間の年平均成長率で７％に近い国はきわめて少ない。

財閥中心の経済　韓国がここまで成長できた理由としてはさまざまな説があるが，財閥の存在と政府の政策にあることには疑いがない。

まず現在でも韓国経済において財閥の占める割合は高い。公正取引委員会によれば，23年に指定された48の財閥の資産総額（非金融保険会社。以下同様）は2433兆ウォンである。韓国銀行は財閥企業も含めた企業全体（非金融保険会社。以下同様）の財務諸表を「企業経営分析」として公表しているが，22年における財務諸表からみると，全産業の資産総額7227兆ウォンであるので，財閥で全体の33.7%を占めている。

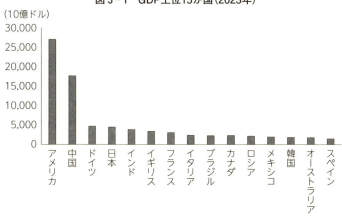

図3-1　GDP上位15か国（2023年）

出典：IMF "World Economic Outlook Database（2023年10月）" により筆者作成。

資産総額以外もみてみよう。まずは売上高である。財閥全体の売上高は1829兆ウォン，企業全体の売上高は5532兆ウォンであるので，財閥が占める割合は33.1％となる。さらに当期純利益は，財閥全体で105兆ウォン，企業全体の当期純利益は195兆ウォンであることから，財閥が占める割合は53.7％となる。当期純利益でみると，財閥が企業全体の半分以上を占めている。

政府による財閥・産業育成　現在においても韓国経済における財閥の占める割合は高いが，財閥がなぜ韓国経済の多くを占めるようになったのだろうか。韓国は1953年から59年までの総貯蓄率，すなわち国内のすべての部門の貯蓄の合計を物価変動による影響を割り引かない名目GDPで割った数値は，平均で8.8％にすぎず，60年代においても14.0％にとどまっていた。このようななか，70年代には大規模な設備投資を必要とする重化学工業育成政策を実施したことから，投資資金が不足するようになった。政府は，戦略産業に指定された特定産業，すなわち，鉄鋼，非鉄金属，一般機械，造船，電子，化学などの手厚い支援を行ったが，そのひ

Tea Break 3

多様化が進む韓国の財閥

　現在においても財閥のウェイトは大きい。財閥というと所有者一族がいて規模の大きな企業を数多く持っている企業グループというイメージがあるが，韓国では「相互出資制限企業集団」というものが定義されており，通常これが財閥と呼ばれる。「相互出資制限企業集団」は2002年までは「大規模企業集団」と称されていたが，同一人が事実上事業内容を支配している企業の集まりが企業集団であり，企業集団のなかで一定以上の規模を有しているものが「相互出資制限企業集団」に該当する。同一人は自然人である必要はなく，法人である中核企業であることも少なくない。現在は企業集団の資産総額が10兆ウォンを超えたものが「相互出資制限企業集団」，すなわち財閥である。

　23年に指定された財閥のうち，「4大財閥」と呼ばれるものが，サムスン，SK，現代自動車(ヒョンデ)，LGである。総資産を基準とした財閥の順位は，10-21年まで，1位はサムスン，2位は現代自動車，3位はSK，4位はLGで変化がなかった。しかし22年にはSKと現代自動車が入れ替わり，SKが初めて2位となった。これは，SKの主力企業であるSKハイニックスが半導体特需により余剰金が大幅に増加するとともに，インテルのNAND事業を引き受けたため，大規模な資金調達を行ったからである。

　財閥には，公企業が民営化され財閥に指定されたものもある。たとえば5位のPOSCO (製鉄)，12位のKT (通信) はその典型例であろう。なお，近年はIT企業も財閥に仲間入りしている。15位のKakaoはその筆頭格ともいえ，23位のNAVERも財閥に指定されている。韓国の財閥というと，所有者一族が長年支配し世襲の総帥が何代も続いているというイメージがあるが，最近は多様化しているようである。

とつがこれら産業への優先的な貸出であった。そして重化学工業育成政策の推進のため，大企業グループのこれら事業への積極的な参加を奨励した。

　当時は政府が金融機関の信用割当，すなわち，どの借り手に資金を貸し付けるか決定する行為をコントロールできたため，資金の多

くは大企業グループに流れ，大企業グループは拡大し，現在の財閥の基礎となった。一方，信用割当から除外された中小企業はオフィシャルではない市場（韓国では私債市場と呼ばれる）から高利で資金を借りざるをえず，十分な投資ができず成長から取り残されてしまうこととなった。

政府の政策効果もあり韓国は大企業を中心とする経済構造となったが，80年代になり財閥による過剰投資などの問題も発生した。政府は一定の要件を満たす企業集団を財閥に指定し，拡大の抑制などを図る反面，中小企業育成策を行うようになったが，現在に至っても財閥中心の経済構造は崩れていない。

財閥による経済成長を遂げた韓国は，一部産業では日本を凌駕していった。そもそも戦略産業に指定された鉄鋼，非鉄金属，一般機械，造船，電子，化学は，日本が重化学工業化において成功していたものを選択したのであるが，これら産業において韓国が競争力をつけてきて，日本のお家芸であった半導体のメモリーは日本が撤退を余儀なくされることとなった。

中国に追われる韓国

しかし近年は新興国，特に中国の台頭によって状況に変化が現れた。チョチョルほか（2020）によれば，造船の全世界に対する輸出占有率は2010年に韓国は27.4％，中国は23.6％であったが，18年には韓国は16.6％，中国は20.4％と両国とも占有率を下げた。しかし，韓国の下げ幅の方が大きく中国に占有率で逆転された。鉄鋼は10年の時点でも韓国が5.4％，中国が8.3％と中国が上回っていたが，18年には中国は12.2％にまで占有率を上げた反面，韓国は5.8％とほぼ10年の水準と変わらない。

これは中国との比較例であるが，韓国は中国をはじめ新興国の追い上げを受けており，各産業でシェアを確保するためにはより高付加価値な製品を製造していくほかはない。韓国は1970年代には経

済成長率が10%を超えていた。しかし現在は大きく成長率が低下しており、これ以上成長率が下がらないようにするためには、韓国経済の進化が必要である。

そこで韓国が今後経済成長率を維持するか、少しでも高めるためには生産性の上昇率を高めるしかない。そのためには、①既存の産業の高度化、②新しい成長産業の育成、③AI（人工知能）の活用により産業全体の生産力向上を行い、韓国経済が進化することが必要である。次節以降では韓国経済の進化の方向について考察していく。

2　既存産業の高度化——最先端ロジック半導体

> 半導体は
> 最重要産業

韓国で半導体を製造する主な企業は、サムスン電子とSKハイニックスである。これらはそれぞれ、サムスングループ、SKグループという財閥の企業であり、サムスングループは資産総額を基準として韓国最大の財閥であり、SKグループは第2位である。

半導体産業の主な企業は、財閥の2大トップがそれぞれ所有しており、それぞれの財閥の主要企業となっている。Gartner (2024)によると、半導体企業の2023年における利益ランキングはサムスン電子がインテルに次ぐ2位であり、SKハイニックスは6位に食い込んだ。ただし23年は両社が得意とする半導体分野が特に不調であったため順位を下げている（22年時点では、サムスン電子は1位、SKハイニックスは4位であった）。いずれにせよ、両者は世界市場で存在感を示しており、半導体は韓国を代表する主要産業となっている。

> メモリー半導体を
> 中心とする産業構造

両社が得意とする半導体分野とはメモリー半導体である。半導体の主力は、電子機器などを制御するロジック半導体とデータを記憶するメモリー半導体といえる。メモリー半導体の主要製品はDRAMとNANDであ

る。DRAMとは，電気が通っているときだけデータの記録を行うことができるメモリーで，一時的にデータを記憶して，アプリケーションなどが動作する際の作業スペースとなる。NANDは通電していなくてもデータが消去されず，記録媒体として使われる。USBメモリーやSSDをイメージすればよい。

益盛（2024）によれば，23年7-9月におけるDRAMの世界シェア率は，サムスン電子が38.9%，SKハイニックスが34.3%であり，韓国企業だけで世界シェアの約4分の3を占めている。NANDについては，やはりサムスン電子とSKハイニックス（正確にはSKグループ）が1位と2位であり，それぞれ，31.4%，20.2%を占めている。サムスン電子はロジック半導体も生産しているが，メモリー半導体に比較すると主力とはいえず，韓国の半導体企業はメモリー半導体に特化していることがわかる。

半導体のなかでもメモリーに集中している現状に対して，韓国政府は非メモリー半導体の生産ウェイトを増やし，バランスのとれた産業構造にすることを提唱してきた。メモリー半導体だけに依存していると，かつての日本のように他国に長期的にシェアを奪われる可能性がある。より多くの種類の半導体をバランスよく生産しておけば，半導体産業が一気に凋落する可能性が低くなる。

韓国からメモリー半導体のシェアを奪う可能性がある国としては中国が挙がることが多い。ただし現状においては，DRAMについては中国にシェアを奪われる心配はない。これに関して，韓国輸出入銀行（2022）の分析を紹介しよう。まず，NANDである。NANDは回路を上に重ねていく方式で容量の集積度を高めていくため，段数が多いほど性能が高いと考えてよい。韓国企業は22年には176段が主流であったが，22年末から23年には200段以上の製造を見込んでいる。

これに対して，中国企業は22年には128段であったが，24年に

は200段を超えると予想しており，韓国企業と中国企業の間の技術差は約2年しかないとしている。

一方，DRAMについてはサムスン電子およびSKハイニックスとも，第5世代のDRAMを製造している。ナノメートルとは1メートルの10億分の1の単位であり，1世代が18-19ナノメートルであるのに対し，5世代は12-13ナノメートルであり，微細化が進んでいる。中国のメモリーメーカーの主力であるCXMT（長鑫存儲技術）はまだ2世代を製造しているにすぎず，中国の生産能力は韓国より5年以上も遅れているとのことである。ただし，DRAMについても，シェアが3位のアメリカのマイクロンが韓国企業と同レベルの技術力を有していることから，長期的にシェアを奪われる可能性は否定できない。

| 非メモリー半導体が進化の鍵 | このような状況のもとで，韓国の半導体産業が今後進化するためには，非メモリー半導体に本格的に進出する必要がある。産業研究院（2023）によれば，22年における世界の半導体市場の規模は6000億ドルで，メモリー半導体が23.9%，非メモリー半導体が76.1%を占めている。そして，非メモリー半導体の売上高における韓国の占有率は3.3%にすぎず，アメリカの54.5%とは比較にならない低さである。そして，ヨーロッパ，台湾，日本，中国よりも低く，6位にとどまっている。

非メモリー半導体といっても種類は数多くあるが，すでに韓国企業が本格的に製造に着手しているものは，最先端ロジック半導体である。韓国企業はメモリー半導体製造に際して，設計，製造，販売まで一貫して行っている。一方，韓国企業が最先端ロジック半導体を製造する際は，他の企業などが設計した半導体の前工程，すなわちシリコンウエハー上に多数のICチップを作り検査するまでの工程を受託・製造するファウンドリーという事業形態をとっている。ちなみに，半導体は大きく前工程と後工程に分かれており，前工程

は説明した通りであるが，後工程はできあがったシリコンウェハーを切り出してICチップを作り，フレームに固定する工程である。

サムスン電子は17年にファウンドリー事業部を分離し19年には本格的に事業を開始した。Trend Force (2023) によれば，23年7-9月期において，サムスン電子は台湾のTSMCに次いで世界第2位のシェアを獲得するまでになっている。しかし，TSMCは市場占有率が56.4%であるが，サムスン電子は11.7%にとどまっており，今後もTSMCを超えることは容易ではない。

いずれにしても，サムスン電子が本格的に事業を開始してから5年もたたないうちに世界第2位のシェアを獲得していることに鑑みると，韓国半導体産業も最先端ロジック半導体を中心とした非メモリー半導体の生産ウェイトを増やし，バランスのとれた産業構造にすることへの第一歩を踏み出したといえる。これが軌道に乗れば，韓国経済にとって大きな進化といえるとともに，技術力の向上による生産性の底上げにも寄与すると考えられる。

3　新しい成長産業の育成——バイオ

有望なバイオ医薬品産業　韓国経済が成長していくための進化のもうひとつの方向は，新しい成長産業を育成することである。韓国政府は2023年に「国家先端戦略産業育成・保護基本計画」を策定して，韓国経済を支えていく先端産業の持続的な成長を可能とするための措置をとることとした。

先端産業としては，半導体，ディスプレイ，二次電池，バイオの4つが指定されているが，なかでもこれまで，また現在においても韓国経済を牽引したことのない産業としてはバイオ産業を挙げることができる。そこで，バイオ産業，特にバイオ医薬品産業の現状を確認したうえで，今後この産業が韓国経済の成長に寄与するため

には何が必要であるのかをみていくこととする。

　バイオ医薬品は，人や他の生物体に由来するものを原材料として製造する医薬品である。経済産業省の産業構造審議会商務流通情報分科会バイオ小委員会（第11回会合：20年11月17日開催）によれば，19年から26年までのバイオ医薬品の年平均成長率は9.6％と予測され，従来型医薬品の5.5％より速い速度での成長が見込まれていることを指摘している。また，韓国バイオ医薬品協会（2023）は，売上高上位100位以内の医薬品に限定すると，28年には売上高の60％以上をバイオ医薬品が占めるとしている。そしてこれら数値からは，バイオ医薬品産業は有望な産業とみることができる。

　<u>バイオ医薬品で劣勢</u>　しかし韓国輸出入銀行（2021）は，韓国のバイオ医薬品産業は，規模や技術力などで劣勢であると分析している。韓国政府の統計によれば，韓国のバイオ医薬品産業の生産額は13年の1.9兆ウォンから22年には5.4兆ウォンへと，年率12.6％といった高い成長率を示している。ただし韓国バイオ医薬品協会（2023）が示した数値によれば，22年のバイオ医薬品市場規模は4777億ドルである。5.4兆ウォンをドル換算して比較すると0.88％となる。すなわち，22年においても，韓国のバイオ医薬品産業は世界市場の1％にも満たないシェアを有するにすぎない。韓国バイオ医薬品協会（2023）は，22年の全世界におけるバイオ医薬品の売り上げで上位20位の企業を紹介しているが，韓国企業は1社も含まれていない。

　また韓国輸出入銀行（2021）は，20年における韓国のバイオ医薬品産業の技術水準がアメリカを100とした場合，70-80の水準にあり，新薬開発技術においては6年遅れているとした研究を紹介している。6年遅れていることは，6年後には追いつくという意味ではない。アメリカが今後も技術進歩するなか，現在存在する6年の格差を埋めなければいけないということであり，韓国の技術がア

メリカに追いつくのは簡単ではないといわざるをえない。

韓国のバイオ医薬品産業，そもそも医薬品産業がなぜ韓国では劣勢なのであろうか。それは医薬品開発の特徴にある。韓国輸出入銀行 (2021) によれば，合成医薬品の新薬開発期間は平均で10-15年，平均開発費用は13億ドル，バイオ医薬品では新薬開発期間は平均で10-15年，平均開発費用は8.8億ドルかかる。すなわち，新薬開発には長い時間がかかるとともに，その間投じる資金も莫大である。そして，新薬開発が成功するとは限らない。

韓国では短期間により確実な成長を志向してきたため，医薬品産業への進出が躊躇されてきたと考えられる。よってバイオ医薬品産業も成長できなかった。

バイオ医薬品企業 国内トップ10 　百本 (2024) によれば，韓国のバイオ医薬品企業は，①伝統的な製薬企業，②専門ベンチャー企業から成長した企業，③財閥の新規事業に分類できる。韓国バイオ医薬品協会 (2023) は，22年における韓国のバイオ医薬品生産実績上位10位の企業を紹介している。まず第1位はモデルナコリアである。これはアメリカのモデルナ社 (新型コロナウイルスに対するワクチンも開発) の子会社であり，①～③の分類には入らない。第2位はセルトリオンであるが，これは②に分類される。財閥で勤務経験のある者が創業した企業であり，バイオシミラー，つまりバイオ医薬品で特許が切れた薬の複製薬を中心に事業を展開している。この2社は22年のバイオ医薬品の売上高が1兆ウォンを超え，それぞれ韓国全体の20％以上のシェアをもつ。

第3位と第5位は，それぞれ緑十字と大熊製薬であり，これらは①に分類される。そして第4位はLG化学で，これは③に分類される。ただしLGグループは1970年代に医薬品分野に進出したので新規事業とはいえないだろう。さらに，第7位にSKプラズマ，第10位にSKバイオサイエンスが入っており，これも③に分類され

る。

　これらの企業に支えられているといってよい韓国のバイオ医薬品産業であるが，世界市場の1％にも満たない金額の製品を生産するにすぎず，世界ではまったくといっていいほど存在感を有していない。しかし実際には，韓国の企業はバイオ医薬産業に対して大きく貢献している。これを理解するためには，CMO（医薬品受託製造企業）について知る必要がある。

| バイオ投資に託す国家の未来 |

　経済産業省（2020）によれば，バイオ医薬品の製造については，大型培養槽など膨大な初期投資が必要となる。また，開発ではベンチャー企業の果たす役割が大きいが，資金力のないベンチャーが自費で大規模設備を保有することが難しい。医薬品の開発期間の長期化，開発成功率の低下により開発費は年々増大しており，製薬会社のなかには新薬創出に集中するため医薬品の製造などを，CMOといった外部に委託する動きが出ている。バイオ医薬品産業については，従来の研究から製造販売までひとつの企業で行う垂直一貫型から水平分業型への転換が進みつつあり，CMOの重要性が増してきている。

　実はCMOの分野では韓国はすでに世界で重要な位置を占めている。韓国政府「国家先端産業育成政策推進現況および育成政策」によれば，韓国はCMOを中心にグローバルな競争力を確保している。21年におけるバイオ医薬品CMOの生産能力は，世界1位のアメリカ（48.6万リットル）には及ばないまでも，韓国は38.5万リットルで2位であり，3位のドイツ（26.4万リットル）を超えている。韓国のなかでは，サムスンバイオロジックが際立っている。東亜日報の電子版（20年8月12日）「バイオを第2の半導体に……サムスンバイオロジック"1兆400億投資，世界最大工場"」によると，サムスンバイオロジックが第4工場を23年に稼働させる予定であり，これによりサムスンバイオロジックのCMO市場占有率が約30％

にまで上がり，世界1位となる。そして，実際に23年には第4工場が完成した。

サムスンバイオロジックの設立は11年である。益森（2024）によれば10年にサムスングループの当時の李健熙会長が，新事業の必要性を強調して同グループのバイオ医薬品事業がスタートした。創立して10年ほどで世界1位になれた理由としては，CMOが集中的な投資と人材の投入といった財閥の特性を活かせる分野であったことを挙げることができる。

韓国政府は，「国家先端産業育成政策推進現況および今後の計画」において，バイオ産業に対して税額控除の拡大，敷地・電力・水力などのインフラを確保するなどの支援策を準備しており，国家的にもCMOを中心とした，バイオ医薬品を支援することとしている。バイオも含めて新産業が軌道に乗れば，韓国経済にとって大きな進化といえ，技術力の向上による生産性の底上げも期待できる。

4 AIを活用した産業全体の生産性向上

> AIの競争力は世界6位

韓国経済人協会（2023）は，イギリスのデータ分析メディアであるTortoise Intelligenceが2019年から毎年公表している「グローバルAI指数」の23年版から韓国のAI競争力を分析している。同指数は実行，革新，投資の3つの上位分類，7つの下位分類に属する111個の指標を基準に評価される。

以下の分析は，韓国経済人協会（2023）から適宜引用したものである。23年における韓国の順位は62か国中6位であり，韓国の上にはアメリカ，中国，シンガポール，イギリス，カナダがある。順位としては健闘しているともいえるが，韓国の総得点は40.3点である一方，アメリカは100点，中国は61.5点であり，これらと比

較すると，まだまだ改善の余地があるように考えられる。下位分類で韓国が10位以下であるものは，人材の12位（上位分類は実行），運営環境（上位分類は実行），研究水準（上位分類は革新），民間投資（上位分類は投資）である。

　人材については，データサイエンティストおよびエンジニアの数が20位にとどまっており，この不足が響いている。運営環境では，大衆のAI信頼水準が17位であり，AIに対する人々の信頼性が不足していることが響いている。研究水準は，R＆D（研究開発）投入量こそ大きいが研究結果が少ないことによる。GDPに対するR＆D投資比率，R＆D投資はそれぞれ2位と5位であるが，AI関連出版物の数が12位にすぎない。最後に民間企業に対する投資規模は18位であり，全体の足を引っ張っている。これはAI企業の数が少なく，1社あたりの平均投資額も小さいことに起因する。ただし，AI関連特許数は3位であるなど上位を占める指標もあり，総合的には6位に位置づけられている。

企業によるAI活用は道半ば

韓国では企業によるAI活用はまだ進んでいない。産業研究院（2024）は「企業活動調査」を活用して，国内企業のどの程度がAIを活用しているのか明らかにした。これによると，22年で4％の企業しか活用しておらず，この水準はかなり低いといわざるをえない。そしてAIの導入に積極的な企業は，従業員数1000人以上，売上高10兆ウォン以上の大企業集団に所属する企業である点も指摘している。そしてこの数値からは，韓国ではまだ企業によるAI活用は十分に進んでいない実態がわかる。

AIによる生産性向上への期待

さて韓国ではAIのなかでも「超巨大AI」と呼ばれる分野がある。PwC・三逸会計法人（2023）によれば，生成型AIとは，莫大な規模のデータを学習し，使用者の要求によりデータを探して学習して，新しいテキスト，イ

メージなどを創造する進化したAI技術である。この技術の典型はChatGPTであろう。生成型AIは莫大なデータを学習する必要があるので、韓国では超巨大AIと呼ばれているのであろう。韓国政府は23年4月に「超巨大AI競争力強化方案」を策定して、その育成に力を入れている。

PwC・三逸会計法人 (2023) は、24年に注目すべき産業としてAIを挙げている。そして生成型AIのサービスを提供する韓国のプレーヤーとしていくつかの企業を例示している。韓国企業は21年から生成AIモデル開発を本格化しており、NAVER、Kakao、LG、KTなど一部大企業が参入している。具体的には、NAVERは自主開発した生成型AIを活用した対話式AIサービスや検索サービスなどを公開している。また、Kakaoはイメージ生成AIを公開している。

さらにサービスの提供だけでなく、生成AIには処理速度が速いコンピュータが必要であり、その基礎を担っているのがAI半導体の製造企業である。AI半導体について韓国企業はアメリカ企業などに大きく後れている。PwC・三逸会計法人 (2023) によれば、サムスン電子は他の企業などが設計した半導体を受託・製造するファウンドリーという事業形態により量産を22年に開始した。しかしながら、第2節で示したように、韓国の半導体産業はメモリーに依存しており、世界で存在感を示せない状況である。

AIのサービス提供などについては、主導的位置にある韓国企業はまだなく、韓国企業でサービスなどを提供しているものも財閥を中心とした大企業が中心となっている。AI技術のためのインフラ (たとえば半導体など) は大企業以外の参入は難しいが、AIモデルの基盤を応用したサービスおよびアプリケーションについては、参入障壁はそれほど高くないといわれている。

今後も著しい成長が期待できるAIに関連するサービス提供に、

韓国の大企業からスタートアップ企業まで積極的に参入していくことが期待される。AI関連サービスの提供，AI環境の整備，AIを利用企業の増加が成し遂げられれば，韓国経済にとって大きな進化といえ，技術力の向上による生産性の底上げも期待できる。

📖🎬 おすすめ文献・映画
①高安雄一，2020，『解説韓国経済』学文社．
　韓国の経済成長率の推移や高成長を遂げた理由，韓国の財閥の定義や財閥の特徴をはじめとして韓国経済全般を理解するのに最適。
②大田泰彦，2024，『2030半導体の地政学〔増補版〕——戦略物資を支配するのは誰か』日本経済新聞出版
　韓国の産業を現在支えている半導体が，世界的に重要な戦略物資であり，各国が主導権を狙う攻防戦を繰り広げている点を解説。

参考文献
経済産業省，2020，「バイオCMO／COMOの強化について」(第11回 産業構造審議会商務流通情報分科会バイオ小委員会 (2020年11月17日開催)：資料9).
司空壹 (渡辺利夫監訳)，1994，『韓国経済新時代の構図』東洋経済新報社．
益森有祐実，2024，「米中対立の狭間に立つ韓国半導体産業の現状と戦略」日本貿易振興機構ホームページ (https://www.jetro.go.jp/biz/areareports/special/2023/0101/b4113a22e02f3448.html).
百本和弘，2024，「海外市場に支えられ，バイオ医薬品企業が急成長 (韓国)」日本貿易振興機構ホームページ (https://www.jetro.go.jp/biz/areareports/2022/11c6287c27dd9bbd.html).
Gartner, 2024, "Gartner Says Worldwide Semiconductor revenue Declined 11% in 2023" Press Release, January 16, 2024 (https://www.gartner.com/en/newsroom/press-releases/2024-01-16-gartner-says-worldwide-semiconductor-revenue-declined-11-percent-in-2023).
Trend Force, 2023, "Top Ten Semiconductor Foundries Report a 1.1% Quarterly Revenue Decline in 2Q23, Anticipated to Rebound in 3Q23, Says Trend Force" (https://www.trendforce.com/presscenter/news/20230905-11827.html).

〔韓国語〕
PwC・三逸会計法人，2023，「2024年 注目しなければならない産業」．
韓国経済人協会，2023，「2023グローバルAI指数分析」．
韓国バイオ医薬品協会，2023，「バイオ医薬品産業動向報告書」．
韓国輸出入銀行，2021，「バイオ医薬品産業の動向と韓国の競争力現況」Kニューディール産業insight報告書-2．
韓国輸出入銀行，2022，「米中葛藤下における中国半導体産業競争力」2022イシューレポート．
産業研究院，2023，「世界非メモリー半導体市場地形と政策示唆点」KIET産業経済 産業フォーカス．
産業研究院，2024，「AI時代本格化に備えた産業人力養成課題」『i-KIET産業経済イシュー』(162)．
チョチョルほか，2020，「重要産業の韓・中価値連鎖分析と示唆点」．

【高安雄一】

column 4　韓国美容に私がハマったわけ

「ポテンツァ*をするなら，江南(カンナム)の皮膚科がいいですよ」

ネイルサロンの隣のブースから聞こえてきた会話に，韓国での美容施術が日本の女性にとって身近なものになったことを感じた。

2007年2月，大学の春休みを利用して初めて韓国を訪れたときのこと。日本ではあまり見かけない業態であるコスメブランドのロードショップの多さと韓国人の美意識の高さに圧倒された。低価格と種類の豊富さ，目を引くパッケージ，各ブランドの際立ったコンセプト。試しにIOPE，ETUDE HOUSE，SKINFOODの商品を購入してみたが，クオリティの高さに驚き，そこから韓国コスメの虜(とりこ)になっていった。

その後，アカスリやボリュームマジックパーマ，コルギなどの韓国の美容施術を一通り経験した後，2015年に，ついに韓国で美容整形を行った。瞼の二重整形を行ったのだが，術後，糸で縫(ぬ)われ，赤紫に腫れた目で地下鉄に乗り，レストランで食事をしても，周囲から冷たい視線を向けられなかったことに驚いた。それどころか，翌日に立ち寄ったレストランでは，「二重整形したの？　きれいになるね」と見ず知らずの女性に言われたのだ。それもそのはず，街中には包帯ぐるぐる巻きの人や鼻にガーゼをあてた人がごろごろいて，美容整形が日常のなかに溶け込んでいるのだ。

韓国で美容整形や美容施術を受けると言うと，周囲から不安はないのかと聞かれるが，不安はある。しかし，後ろ指を指されない環境と，次々と生まれる新たな施術，そして帰国時に渡されるタックスリファンド***。この3点が私を次の美容医療へと駆り立てるのだ。

---

*　ニキビ跡，毛穴の開きなど，さまざまな肌トラブルに対応できる痛みの少ない美肌治療機器のこと。

**　「骨」に刺激を与え，骨と骨の間に詰まった老廃物の流れを促進させ，顔や体を引き締める韓国生まれの美容法。

***　韓国に滞在して6か月以内の外国人などにVAT（付加価値税）を還付する制度。美容整形・皮膚科の施術に対しては，美容整形付加価値税還付制度に基づき，付加価値税の10％が還付される。

【吉永沙蘭】

第 **4** 章

日本より数歩先を行く？
▶韓国のスタートアップエコシステムの先進性

coupang（クーパン）社の「ロケット配送」トラック

　2010年に創業されたeコマース企業であるクーパン社はロケット配送と呼ばれる当日配送システムを確立した。

出典：https://commons.wikimedia.org/wiki/File:Coupang_1.jpg.

1 スタートアップエコシステムの概観

> **知られざる起業大国**

　2020年にNetflixで配信された韓国ドラマ『スタートアップ・夢の扉』は，初回がドラマ部門で世界5位，日本でも一時2位となった。この年韓国は対GDP（国内総生産）比のスタートアップ投資額で世界4位を記録している。K-ドラマやBTS，NewJeansのようなK-POPはすっかり世界トップクラスのコンテンツとして定着しているが，実は韓国は日本より先を行く「スタートアップ大国」でもある。

　「スタートアップ」は読者のみなさんにとってなじみのない世界かもしれない。そこで始めに本章で用いるスタートアップ関係の経済・経営用語について簡単に説明しておこう。スタートアップとは創業からあまり年数が経っておらず，革新的なサービスや製品を提供して急成長することを目標とする企業をいう。「スタートアップエコシステム」とは，スタートアップ企業やそれに関係するベンチャーキャピタル（スタートアップを中心とする未上場企業に投資する投資家で，VCと略す），大企業，政府などのさまざまなプレーヤーのことを指す。

　そして，スタートアップは通常起業するとVCなどの投資家から資金調達を行って成長を目指す。成功すればその先には新規上場（IPO）や，既存企業による買収（M&A）が待っているが，これをExitという。一方，最近は非上場のまま大きな成長をとげる企業もある。特に，時価総額で10億ドルないしは1000億円を超える非上場企業は「ユニコーン」と呼ばれる。この言葉が使われはじめた13年には該当する企業がユニコーンのように希少だったことがその名前の由来である。

　韓国が日本より先を行くスタートアップ大国である理由につい

て，それを裏づけるデータをみていこう。まず，起業の盛んさを示す開業率では日本は長年5％前後，韓国は15％程度で米国（9％）よりも高い。起業後の新陳代謝を表す5年生存率も20年基準で29.2％と日本の約3分の1である。

　資金調達額では，22-23年で日本のエクイティ（株式）の累計調達額は2兆6000億円ほど，韓国は累計3兆円ほどで日本より多く，各年でみても21年と22年は絶対額で日本を上回る。日本のGDPが韓国の2.7倍なので，韓国のスタートアップへの投資はGDP比で日本の3-4倍の肌感覚である。また，個社にとってはより重要である1社・件数あたりの調達額も日本は平均して3億円程度，韓国では8億円程度である。

| ユニコーン企業の数 | スタートアップの成長後の姿はどうだろうか。ユニコーン企業数は，日本ベンチャーキャ |

ピタル協会（JVCA）(2023)に基づくと，日本は10社，韓国は12社となっている。また韓国政府の資料では23年8月時点でユニコーンが23社あり，どの資料でも日本より多い。他方，JVCAは，13-22年に上場したスタートアップ463社中68社が時価総額1000億円を一時的に越えたとして，日本における「累計ユニコーン」は78社としている。これを参考に，13-23年に韓国の3つの証券市場に上場した企業1182社のうち，財閥子会社や，創業が1970年代以前の会社は除いて23年10-12月の時価総額をみたところ，1000億円以上の企業は46社であった。なお，日本の上場企業のうち時価総額1000億円以上なのは790社ほど，韓国は300社ほどである。したがって韓国の「累計ユニコーン」は58社ないし69社で，数は日本よりやや少なくなるが，時価総額1000億円以上の企業に占めるスタートアップの割合は日本より高い。

| エコシステムの特徴 | 23年12月から24年2月にかけて日韓両方のスタートアップに詳しいVC投資家（UTEC申炯 |

圭氏，PPBインターナショナル裵升鎬代表），スタートアップ関連情報のデータベースを運営し自ら投資も行うアクセラレーター（洪庚杓・マーク＆カンパニー代表），スタートアップ経営者（李尙熹・センドバーグ社日本・韓国代表，鄭載聖・ローアンドカンパニー共同創業者・副代表），政府系のスタートアップ支援機関（韓国貿易協会関係者）計6名に対しインタビューを行った。専門家からは日本と比較した韓国のスタートアップエコシステムの特徴として以下の点が挙げられた。

第1に，国内市場が日本より小さいため，顧客が多いBtoC（消費者向けビジネス）の起業が中心である。BtoB（法人顧客向けビジネス）は最近までは資金調達が難しかったという。

第2に，ここ数年でグローバル志向が強まっている。創業時からグローバル展開を目指すのが主流であり，資金調達もシードラウンド（最初の調達ラウンド）から海外投資家にアプローチする起業家が増えているという。米国留学経験者が日本より圧倒的に多いので，英語力や米国の人脈を含めグローバルに活躍できる人材が日本より多いこともその一因となっている。

第3に，資金の出し手として政府の役割が日本より大きく，さまざまな政府系機関や地方自治体がスタートアップに直接投資またはVCへの資金拠出（LP投資）を行っている。洪庚杓代表によれば，VC投資全体の20％程度，LP投資の40-60％程度が政府からの資金ではないかという。

第4に，第3章でも論じられたように，財閥系大企業のプレゼンスが大きく，日本より中小企業の活躍が目立ちにくいなかで，スタートアップにイノベーションを期待する社会的雰囲気があるという。特に新たなサービスの提供時には，最初から完璧でなくてもユーザーは許容する傾向にあるという。

第5に，IT産業やデジタル化が世界トップクラスであることからモバイル・プラットフォームを利用したサービスの起業が人気で

ある。過去5年間でVCの投資が多い業種は，ICT（情報技術）サービス，流通・サービス，バイオ・医療の順で，これらで投資の7割である。バイオ・医療は成功すればグローバルに販売できることや，後述するセルトリオンなどの成功例があることが理由であろう。また，ここ5年でスタートアップ上場時の投資家の利益が大きい業種には，ICTサービスとバイオ・医療が常に入っている。

2　スタートアップの成功例

成功したスタートアップの事例として，上場企業のクーパンとセルトリオン，非上場企業のセンドバード，ロートークの4社をみていく。

クーパン

クーパンは2010年に創業された。当初はSNSでモノの販売支援を行うソーシャルコマースとしてスタートしたが，その後直接モノを販売するeコマースに転換し，21年に韓国企業としては10社目の米国ニューヨーク市場上場を果たした。24年7月現在，企業価値は約5兆5000億円で日本郵政や富士通と同レベルである。会員数は韓国の人口の4割に当たる2040万人，売上高は22年で2.9兆円である。

クーパンの大きな成功要因は当日配送（ロケット配送）の仕組みである。14年に顧客の不満の大半が配送関係であることに注目して導入したという。Amazonも実現できなかった当日配送を実現したことが話題を呼び注文量が激増した。これを機にソフトバンクから15年と18年に合計約30億ドル（3500億円）の大型投資を得た。この資金を物流整備や顧客体験向上に投資し，成長を加速させることができた。

社長のキム・ボムソク氏は1978年生まれ，7歳で米国に移住した韓国系米国人で，ハーバード大卒，クーパン起業前にも2社を

起業してExitに成功したほか、世界的なコンサルティング会社のBCGでも勤務経験があり、起業家としては「ピカピカ」の経歴である。創業初期にはハーバード大の人脈を使って資金調達に成功し、初期から積極投資を行えたという。

> **セルトリオン**

セルトリオンは02年に創業されたバイオ企業である。17年に韓国のスタートアップがまずExit先として選ぶ新興企業向け市場のKOSDAQに上場、22年度の売り上げは2500億円、営業利益は730億円、24年7月現在の時価総額は4兆6000億円で住友商事やセブン＆アイと同レベルである。

同社はバイオシミラー（バイオ後続医薬品）が主要な製品である。バイオシミラーは通常のジェネリック医薬品よりも構造が複雑で開発の難易度が高いが、世界で初めて上市（開発して承認された製品を販売すること）に成功した。代表例はJ&Jの自己免疫疾患治療薬のバイオシミラーで、12年に韓国、13年に欧州、16年に米国で販売許可を取得している。21年にはコロナの抗体治療薬CT-P59（レッキロナ）を開発、韓国とEUでの正式承認を得た。現在、売り上げの7-8割が海外である。

同社の成功要因は「First mover」戦略であり、他社が目を付けない分野にいち早く資源を投入する。バイオ企業は製薬会社出身者や大学で創薬関連の基礎研究を行っていた研究者が創業することが多いが、セルトリオンは例外である。創業者の徐廷珍会長は建国大学産業工学科卒業、サムスン電子、韓国生産性本部を経て大宇(テウ)自動車役員となったが、1999年に大宇自動車の経営危機の際に同社を退職し、元同僚らと6名で創業準備をした。その際には2年間米国で専門家と意見交換をして、他社が開発した薬の受託製造を事業に決めたという。その後2005年に顧客の病院の看護師のヒアリングを通じてバイオシミラーへのニーズをつかみ、経営資源をそこに集中するべく戦略を転換したという。

加えて，創業初期に韓国タバコ人参公社から，バイオシミラー進出後の10年にシンガポールの国営投資会社テマセクから投資を得たことが信用力強化の面で大きかった。また，開発のスピードも成功要因であり，特にコロナ治療薬CT-P59の開発の際は，通常は12か月かかるという抗体候補物質の特定を，20年2月からわずか2か月で終え，7月にヒトでの臨床試験を開始，9月には生産開始というスピードで実現している。

センドバード

　センドバードは13年に設立された。当初はBtoCのオンラインコミュニティー運営を模索したが，事業は伸び悩み15年にBtoBのチャットAPIサービスの提供に事業を変更した。チャットAPIとは，さまざまなアプリ内でのチャット機能を提供するソリューションであり，顧客は自社でチャット機能を開発する必要がなくなる。現在BtoBチャットAPIとしては世界最大規模で，導入社1200社，月間ユーザーは3億人程度である。売上は非公表だが，22年末の推計で約26億円である。海外売上が多く，北米が4割，そして北米と韓国以外にも，インド，ブラジル，英国，日本などで売り上げがあり，日本では楽天やPayPayが顧客である。21年の資金調達時に企業価値1576億円（10.5億ドル）となって韓国のBtoBとしては初のユニコーンに認定されている。

　同社の日本・韓国事業トップの李尙熹氏によれば，成功要因は16年に米国を代表するアクセレレータープログラムであるY Combinatorに参加したことである。これにより知名度が向上し，米国での顧客開拓や米国のVCからの資金調達に成功したという。また，チャットAPIに事業を定めてからは海外市場での成功に狙いを絞り，本社を米国に移転するなど「徹底した現地化」を進めたことも大きいという。

　創業者で代表取締役の金東信氏は40代である。海外留学やMBA

はない「国内組」だが，ソウル大に1999年に入学し，コンピューター工学部を卒業後の2007年にゲーム会社を創業，モバイルゲームを開発し12年にはGREEに売却しており，センドバードが2社目の起業である。

> ローアンド
> カンパニー

ローアンドカンパニー社は12年に創業したリーガルテックの会社である。14年に弁護士と法律相談を希望する人が自由にやり取りできるオンラインプラットフォームの「ロートーク」を立ち上げ，この分野で大きな社会的インパクトをもたらした。共同創業者・副代表の鄭載聖氏によれば，弁護士サービスに関する需給ミスマッチの解消が創業の狙いだという。当時は一般消費者の8割が周辺に相談できる弁護士がいないと答えており，それぞれの分野に強い弁護士を探すのが難しかった。一方，韓国では歴史的に米国，ドイツ，英国など主要国に比して人口比で弁護士が著しく不足していたが，09年のロースクール（法科大学院）導入により弁護士の増加が予想され，弁護士側では消費者にもっとアプローチして案件を担当したいというニーズがあった。創業当初には，スマホの決済がそこまで普及していなかったので，支払処理の部分の整備や，法律相談という「固い」分野のオンライン化という新しいサービスであるため，消費者に経験してもらって抵抗感を取り除いてもらうのに苦労したという。その後は，消費者・弁護士双方のニーズに答えつつ顧客体験を常に改善することで，他のプラットフォームに対する優位性を確立できたという。現在の会員数は130万人，累積法律相談件数は100万件以上，プラットフォーム上での推定取引額は21年で528億円となっている。運営するローアンドカンパニーの累積調達額は45億円である。

一方，15年からの21年にかけて大韓弁護士協会およびソウル地方弁護士会が検察に同社を告発したり，所属弁護士にロートークの利用を禁止させたりするなど，業界団体との葛藤があった。これに

Tea Break 4

マフィアがスタートアップを牛耳る？

特定の企業や組織の出身者がスタートアップ業界に多くいるとき「○○マフィア」という言い方をすることがある。アメリカでは，PayPalマフィアが有名で，ここからイーロン・マスクや，LinkedIn創業者のリード・ホフマン，Meta（Facebookから改称）初期の投資家のピーター・ティールらが出ている。日本では大手コンサルティング会社のマッキンゼー出身者が最近スタートアップ企業側，投資家側にも多く，「マッキンゼーマフィア」ができている。同社日本支社によると，2018年以降に同社出身者が創業したスタートアップの25％がIPO（新規上場）に成功したほか，大手VC（ベンチャーキャピタル：スタートアップを中心とする未上場企業に投資する投資家）にも同社出身者がかなりいる。

韓国のスタートアップ業界でも「マフィア」ができてきている。ソウル大の工学部やKAIST出身者が「マフィア」といわれるほどつながりが強く，ソウル大工学部発スタートアップに重点的に投資するVCもあるという。一般には同じ大学出身者のつながりの方が，同窓会などにより同じ企業出身者より結束が強く，アクセスが難しい人に会えるという実際の効果も大きいという。一方，イスラエルとは違い，軍隊時代の縁がスタートアップにつながることは韓国ではほぼないという。

企業では，NAVERやKakao出身者の起業が最近増えており，「NAVER・マフィア」，「Kakao・マフィア」，縮めて「ネピア」「カピア」と言うこともある。また，ソフトバンクの投資を受けたスタートアップ同士の「ソフトバンク・マフィア」もあるという。大企業では，LG化学出身者がバイオテック業界に多く，こちらは「LG師団」といわれている。サムスン出身者やマッキンゼー出身者もスタートアップ企業には結構いるのだが，両社のマフィアはあまり聞かれない。

よりロートーク所属弁護士が4000人から2000人まで半減し，売り上げ減少に直面しリストラを余儀なくされるという危機もあった。23年9月にこの争いはロートーク側に有利な形で決着し，今後再び成長軌道に乗ることが期待される。

創業者・CEOは延世大法学部・経営学部を経て同大学のロースクールを卒業した金本桓氏で，共同創業者の鄭載聖氏は高麗大，マッキンゼー出身である。金本桓氏は学部生時代にも別の会社の起業経験がある。

3　スタートアップを支える人材

創業者と代表取締役　スタートアップの人材を考えるうえでは，創業者と代表取締役が重要である。スタートアップは革新的なサービスを提供することも多いが，創業者のアイデアや直接の体験がその決定には極めて重要である。他方，創業者に経営経験がない場合，スタートアップの成長に伴って「プロ経営者」的な人材が参画し，会社を次のステージに導くこともある。

　では，成功したスタートアップはどのような人材がリードしているのだろうか。今回は韓国のスタートアップ業界でデータベースとしてよく使用されている「InnoForest（イノベーションの森）」に掲載されている「累計資金調達額上位50社」および「売上額上位50社」の企業および第1節で紹介した，「上場ユニコーン」企業について，創業者（共同創業者含む）と現職および就任が内定している代表取締役の学歴と職歴を調査した。公開情報で入手可能な範囲で，合計114社の193人（創業者が97人，代表取締役が96人）について独自にデータベースを作成した。

男女比と学歴の特徴　男女比・国籍をまずみると，193人のうち男性が187人，女性は6人，外国籍とわかるものは3名にすぎず男性に極めて偏った分布である。

　最終学歴は，全体の86％，166人が学士以上で，39％の75名が修士以上と，韓国の高い大学進学率（2023年に76％）と比べてもさらに高学歴である。

第4章 日本より数歩先を行く？

図 4 - 1　卒業した学校の分布

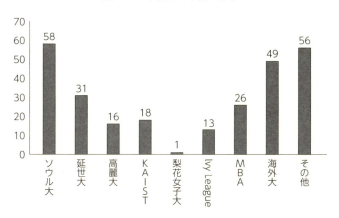

注：複数の学校を卒業した場合、両方をカウントしている。
出典：著者作成。

　次に、卒業した学校の分布は図 4 - 1 のとおりである。なお、学部と大学院で異なる学校の場合には、それぞれカウントしている。
　単独の大学では、ソウル大、延世大、KAIST（韓国科学技術院）の順である。ソウル大、高麗大、延世大の「SKY」（3 つの大学の英文表記の頭文字）が名門大学としてよく知られているが、調査したスタートアップ経営者層では、高麗大との差はわずかではあるが、SKY の K は KAIST である。実際、KAIST 発のスタートアップの 5 年生存率はソウル大に比較しても数倍高いという。また、4 人に 1 人にあたる 56 人が海外（ほぼ米国）の大学・大学院で学位を取得している。なお、海外での学位についてもう少しみてみると、MBA（経営学修士）が 22 人、博士が 13 人、学士が 10 人、MBA 以外の修士が 3 人で、海外留学イコール MBA というわけではなく、留学先も多様である。

87

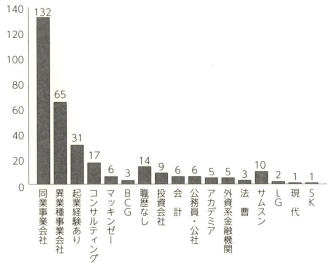

図4-2 職歴の分布

注：学歴と同様に複数職歴がある場合，すべてカウントしている。
出典：著者作成。

| 成功した人に多い職歴 |

職歴を図4-2にまとめた。
同業事業会社（含内部昇格）・他業界事業会社が最も多い。コンサルティング出身者が比較的多いが，事業会社よりは大幅に少なく，「コンサル出身者の起業成功」というクーパンの事例は韓国では少数派のようである。過去に起業経験がある人は31名，職歴がなくいきなり起業した人も14名いる。財閥ではサムスングループ出身者が少し目立つ程度である。

これらからわかるのは，「典型的に」大成功したスタートアップの創業者か代表取締役の多くは国内の事業会社を経験しており，プロフェッショナルファーム出身者や外資系，公務員出身者は少ないというものである。JVCA（2023）は，日本の有名スタートアップの多くがプロフェッショナルファーム，外資系IT起業や投資銀行，

公務員，商社出身としているが，この点で韓国と日本では状況が異なるようである。

> 創業者と
> 非創業者の違い

最後に，創業者と非創業者で分布に大きな違いがあるかをみてみよう。学歴においては，創業者にMBA取得者は少ない（26名中4名）点が特徴であるが，その他はそこまで顕著な差は見受けられない。一方，職歴においては創業者の方が圧倒的に多いのは過去の起業経験（31名中25名）と，職歴がなかった人（14名中13名）の2つである。

4　韓国スタートアップをめぐる課題

> 課題の多くは
> 日本に類似？

韓国のスタートアップエコシステムの課題として専門家インタビューで指摘されたのは以下のとおりである。

① グローバルな市場での成功事例が不十分である
② Exitの選択肢としてM&Aなどの上場以外の選択肢がまだ足りない
③ VCをはじめとして投資家が十分なリスクを取らないことがある
④ 女性や外国人の起業家が少ない
⑤ ポジティブ規制（行っていいと書かれていることのみできる）がネガティブ規制（行っていけないと書かれていないものは基本的にできる）より多い
⑥ 政府主導でエコシステムが形成されてきたことの副作用が存在する

上記のうち，①〜⑤は日韓とも共通した課題であり，①，②，③

については日本よりは韓国の方が日本よりは状況が良好であるという声も専門家インタビューではあった。またExitのひとつであるIPOも，東証グロース市場とKOSDAQ市場では後者のほうが流動性やスタートアップ起業の上場後のパフォーマンスにおいてよく機能しているといわれている。

そうしたなかで，韓国の特有の課題として，⑥政府主導のエコシステム形成に関するものがある。以下ではこの点をもう少し深掘りしてみよう。

| 超党派の支持 | 第1章でも論じられたように，韓国では政治の分極化が進んで保守政党と進歩政党の対立が激しい。他方で，スタートアップ振興は超党派の支持がある数少ない分野である。一見すると保守政権と進歩政権で，スタートアップ政策の「ブランディング」には大きな違いがある。保守政権は「イノベーション」や「グローバル・スタートアップの育成」を強調する傾向がある一方，進歩政権は「雇用創出」や「創業支援」といった点を強調することが多い。しかし，実際には保守でも進歩でも総論としてはスタートアップを応援するという姿勢は一貫し，スタートアップの政府への評価も保守・進歩政権で大きな違いはない。起業家対象の調査や今回のインタビューでもその点が確認されている。

政府の「現ナマ」支援の功罪　一方で，第1節でもみたように資金の投入という面で政府の役割が日本よりはるかに大きい。これは民間投資を下支えするという効果もある一方，スタートアップ側が政府の資金をあてにすることの副作用もある。インタビューでは，スタートアップ企業が経済的に成功しうるビジネスモデルの確立や事業開発に注力するのではなく，政府の補助金や支援策に依存する体質になってしまい，政府の補助を獲得して生き残ることを目的にすることがあるというインセンティブの歪みがみられるとの指摘があった。

第4章　日本より数歩先を行く？

「後出しじゃんけん」的規制強化

各種の規制について、日本でよく議論されるのは、ライドシェアやオンライン診療のように、スタートアップのイノベーションや参入を阻んでいる社会的規制がなかなか緩和されないといった状況である。

一方、韓国では、すでにスタートアップが参入してイノベーションを起こした後に、既存業界の団体が政治力を行使し、スタートアップを狙い撃ちにするような規制強化がなされたことがある。「ダイナミック・コリア」の悪い面ともいえるかもしれない。代表的なのが、2018年10月にサービスを開始したライドシェアサービスの「タダ」とタクシー業界の対立の事例である。

タダ（韓国語で車に「乗る」という意味もある）はタクシーより割高だが快適な顧客体験が大人気となり、利用者は9か月で100万人を突破し、1万5000人の運転手を雇用するに至った。これに対しタクシー業界はタダのサービス中断を要求し、19年2月には運営会社VCNCとその親会社の代表者を検索に告発、同年5-10月に複数回のデモを行い、圧力を強めていった。

19年10月にはVCNC代表を被告とする刑事裁判が開始される。それに呼応して当時の与党の「共に民主党」の朴洪根議員が代表発議者となり、タダを禁止する旅客自動車法改正法案（「タダ禁止法案」）を国会に提出した。裁判は20年2月に一審で無罪となるが、タダ禁止法案は3月に本会議で可決され、タダはサービス停止を余儀なくされた。一方、その後の裁判では、22年9月の第二審、23年6月の大法院（最高裁）と無罪判決が出て結局無罪が確定している。

タダ禁止法案には世論調査で77％が反対していたのにもかかわらず、国会では出席議員185名中賛成169名と、超党派の圧倒的多数の支持で可決成立した。総選挙を1か月後の4月に控え、25万票ともいわれるタクシー業界の票を与野党とも意識したためといわ

表4-1 スタートアップと業界団体の対立事例

スタートアップ	業界団体	スタートアップのサービス内容
ローアンドカンパニー	大韓弁護士協会	法律相談サービス「ロートーク」
ジョビス&ヴィランズ	韓国税理士会	税金還付サービス「サムチョムサム (3.3)」
ヒーリングペーパー	大韓医師協会	美容整形情報プラットフォーム「江南オンニ」
ドクターナウ, グッドドック	大韓医師協会	遠隔沿革医療（診療）プラットフォーム
チクパン	韓国不動産仲介協会	不動産取引プラットフォーム

出典：毎日経済新聞 2023年6月21日記事「タダ事態は現在進行形」(https://www.mk.co.kr/news/economy/10765551) より著者作成。

れている。

このタダ禁止法により，モビリティー業界のイノベーションが大いに委縮する結果を招いたといわれている。このように既に事業を開始したスタートアップと業界団体との対立は他の分野でも発生している（表4-1）。

「スタートアップコリア」の今後

尹錫悦（ユンソンニョル）政権は23年8月に「スタートアップコリア」という政策を発表した。このなかでは，大胆なグローバルチャレンジ，民間企業によるベンチャー投資の促進，地域創業クラスターの活性化，ディープテックスタートアップの育成，挑戦的な起業ムードの構築の5つを柱に掲げている。政府の支援策の合計は67.5兆ウォンになり，日本の内閣府（2022）のスタートアップ育成5年計画にある政府支出の10倍の規模である。今後このスタートアップコリアに基づきさまざまな施策が予定されており，たとえば韓国貿易協会はグローバル市場を目指すスタートアップ向けの新たなアクセラレータープログラムを24年度に立ち上げるという。

洪庚杓・マーク&カンパニー代表によれば，同政策は韓国のスタートアップエコシステムが克服すべき課題を概ね正しく認識していると評価されているという。また，同代表はグローバルな市場で

の成功例や，Exitの選択肢の不足は改善され，民間主導のエコシステムに進化する可能性があると述べていた。一方で，洪代表はポジティブ規制の課題は韓国の法制度体系全体との兼ね合いもあり，改善はより困難だろうとも述べていた。

　日本からみた韓国はあるときは「合わせ鏡」といわれ，あるときは「理解できない」国ともいわれてきた。スタートアップエコシステムという点では，韓国は日本より実態として数歩先を行っており，政府も民間も今後の課題を認識して解決しようとしている「手強い」相手である。今後スタートアップコリア政策の成功次第ではさらに進化しうるだろう。一方で多くの課題が日本と類似しており，米国よりは真似しやすい「手ごろ」な参照点でもある。日本としてはスタートアップエコシステムをさらに盛り上げていくための格好のベンチマークが隣国に存在するということであり，そうした観点からも韓国のスタートアップエコシステムからは今後も目が離せない。

📖🎬 おすすめ文献・映画

①入山章栄，2019，『世界標準の経営理論』ダイヤモンド社．
　　早稲田大学ビジネススクールの教授による，30の経営学理論の概説書。成功した企業の事例研究に留まらない経営学の間口の広さがわかる。

②マラビー，セバスチャン（村井浩紀訳），2023，『The Power Law――ベンチャーキャピタルが変える世界（上・下）』日本経済新聞出版．
　　金融ジャーナリストによるVC業界の歴史の本。日本やアジアの投資家の話も出てくる。VC業界の特徴的な思考回路を理解できる。

③フィンチャー，デヴィッド監督，2010，『ソーシャル・ネットワーク』(映画)．
　　米国のMeta社の創業初期の様子を描いた映画。スタートアップの実際の日々がどのようなものか感じることができる。

参考文献

一般社団法人日本ベンチャーキャピタル協会（JVCA），2023，「急成長を遂げる日本のスタートアップ市場」(https://jvca.jp/research/38908.html).

加藤雅俊，2022，『スタートアップの経済学――新しい企業の誕生と成長プロセスを学ぶ』有斐閣.

コーラルキャピタル，2022，「ユニコーンの数は日本の2倍，日本人が知らない韓国エコシステムの話」(https://coralcap.co/2022/04/altos-han-on-how-korea-produced-coupang-woowa-brothers/).

シェーン，スコット・A.（谷口功一・中野剛志・柴山桂太訳），2017，『〈起業〉という幻想［新版］――アメリカン・ドリームの現実』白水社.

鈴木悠司，2021，「日本を抜いたか？韓国バイオテック・K-Bio（前編・後編）」(https://note.com/d3llc/n/n93f1aadc0218, https://note.com/d3llc/n/n8d2e2f6e57a7).

内閣官房グローバル・スタートアップ・キャンパス構想推進室，2023，「スタートアップエコシステムの現状と課題（ディープテック分野を中心として）」(https://www.cas.go.jp/jp/seisaku/campus/yusikisya_kaigi/dai2/siryou4.pdf).

内閣府，2022，「スタートアップ育成5か年計画」(https://www.cas.go.jp/jp/seisaku/atarashii_sihonsyugi/pdf/sdfyplan2022.pdf).

JETRO，2023，「グローバル起業大国実現へ，『スタートアップコリア』総合対策を発表」(https://www.jetro.go.jp/biznews/2023/09/241771710933a67f.html).

【鈴木悠司】

column 5　変わったこと，変わらなかったこと　韓国人の対日認識

　近年，韓国国民の日本に対する見方は大きく改善したものの，その視線はいまなお複雑である。

　日本は過去に朝鮮半島を植民地支配した怨嗟の的であり，それは1965年の国交正常化のあとも変わらなかった。しかも，経済力の差から，目障りであっても日本との関係なしには自国の経済が成り立たない。韓国の人々は，日本を克服すべき対象と定めて「克日」を誓ったのだった。同時に，日本は家電など優れた製品や，音楽といった魅力ある文化を産み出す先進国として，やっかみを含む羨望の対象でもあった。

　80年代，筆者はソウルで同じ下宿の大学生に，「韓国人はいつになったら日本への敵視をやめるのか」と尋ねたことがある。「わが国の経済力が日本を追い抜いたとき」というのが答えだった。彼の予言は半分当たり，韓国経済は飛躍的な成長を遂げた。2020年頃には平均的な豊かさを示す1人あたり購買力平価GDP（国内総生産）が日本を上回り，物価や賃金も日本を凌駕する勢いとなった。日本に劣等感を抱く韓国人はいなくなり，日本を特別視しない人，さらにいえば，日本をまるで意識しない人が増えたのである。韓国から日本への訪問客が18年に年間750万人を記録するなど，等身大の日本をみる機会が増えたことも影響しただろう。

　各種の世論調査は，覇権主義的な動きを示す中国や軍事的な脅威を増す北朝鮮への拒否感が強まる一方，日本に親近感を覚える人が全体として増える傾向を示している。K-POPや韓国ドラマに魅了される日本人がいるのと同様，韓国の若者も日本のマンガやアニメに親しんでいる。

　にもかかわらず，過去の歴史問題については，「日本人の反省や謝罪は不足している」と回答するなど，依然として厳しい見方が少なくない。警戒すべき国として日本を挙げる人も一定数存在する。韓国人の対日認識は総じて好転したとはいえ，日本に対する不信感は長く残っているのである。サブカルチャーの交流が盛んになっても，両国民の相互認識を好転させる効果には限界があることも留意すべきであろう。

【塚本壮一】

第 5 章

日韓関係はどう記憶されている？
▶日本統治期に至る歴史

第二次日韓協約締結に関する日韓協議の様子

　中央は伊藤博文。第二次日韓協約（1905年）は，日本が大韓帝国を保護国とした条約で，これを承認した大韓帝国の5人の大臣は「乙巳五賊」と呼ばれ「親日派」の代表とみなされている。

出典：筆者撮影（韓国ソウル市にある重明殿にて）。

1 なぜ「史実」だけでなく「記憶」も重要なのか

「史実」と
「歴史認識」

本章のタイトルは「日韓関係はどう記憶されている？」である。なぜ、「日本統治期に至る日韓の歴史はどうなっている？」というタイトルではないのだろうか。

歴史学は、研究対象とする時代に当事者によって作成された一次史料を探し出し、解読し、分析し、そこから抽出される「史実」によって論じる学問である。筆者が専門とする朝鮮政治外交史の場合、日本や朝鮮・大韓帝国の政府記録や外交文書が一次史料となり、当時の政治家の回顧録や日記が二次史料となる。そのため、歴史学は客観性・中立性を持つべき学問である。しかし、同じ材料を使って決められた実験を経れば、誰もが同じ結果に至る自然科学とは異なり、歴史学は同じ史料を使って同じ史実が得られても、着眼点によっては、その史実をさまざまに解釈することが可能である。

本章のタイトルが「史実」と「歴史認識」を区別して論じようとしているのは、ひとつの近代の史実に対しても、支配した側とされた側、あるいは損害を与えた側と受けた側では、受け取り方や記憶の仕方（歴史認識）が異なり、こうした違いこそが、今日の日韓関係までをも難しくさせる根源になっているからである。

1982年の歴史教科書
問題とは何か？

では、日韓両国は1905年の日本による大韓帝国の保護国化や1910年の植民地化の頃から、ずっと関係が悪かったのだろうか。もちろん、朝鮮人の日本統治に対する反発は大きく、独立運動や義兵運動といった抗日運動が大規模に繰り広げられていたことを忘れてはならない。しかし、日本が近代国家となった明治期以後の日朝（日韓）関係をみたときに、ずっと関係が悪かったかというと難しい。なぜなら、後述するように、朝鮮王朝末期の朝鮮は中国の「属国」であり、中国との関係を

前提にして日朝関係が動き，二国間関係の比重は大きくなかったからである。その後の大韓帝国は，日本が国力で圧倒し，日本の保護国さらには植民地となる。解放後（終戦後）は厳しい経済状況のなか，朝鮮半島は南北に分断され，のちに大韓民国（以下，韓国）と朝鮮民主主義人民共和国（以下，北朝鮮）が成立し，さらに対立は激化して朝鮮戦争が起こり国内は混乱する。韓国では独裁体制が敷かれるなどさまざまな制約下にあり，1965年に日韓基本条約を締結するまで日本との国交はなかった。

他方，戦後の日本では，知識人や言論人の多くが北朝鮮を支持し，韓国は独裁体制で貧しい国という悪いイメージがあった。加えて，日韓は二国間より日米韓の枠組みで政治外交が動いていた。

つまり，韓国人は日本による併合過程や統治に不満をもってはいたものの，それを日本に対して，国家間の対等な立場で抗議したり，市民運動によって歴史対話をしたりすることが難しい状況だったといえる。そうした環境を「改善」したのが，皮肉にも，日本のマスメディアの「誤報」に端を発した日本の歴史教科書検定問題だった。

1982年6月，日本の教科書検定に合格した教科書を，事前に配布されて検討・取材した文部省記者クラブの記者のひとりが，十分な取材をしないまま，実教出版の『世界史』で「侵略」が「進出」に書き換えられたと，記者クラブの各社に「誤報」した（重村・飯村 2010）。しかし，1982年6月の検定では，「侵略」を「進出」と表現することについては「改善条件（直さなくてもよいがその場合は理由を提出する）」を出したのであり，「修正条件（必ず書き改めなければならない）」がついたのは1953年の検定だった（『朝日新聞』1982年7月28日）。そのため，本件を単純な誤報と表現するには，問題を軽んじることになる。

日韓で初めての歴史「対話」

1953年の検定で「侵略」の用語に対して「修正条件」が出ていたことなど, ほとんどの日本人が知らなかったため, この「誤報」は6月26日のトップニュースとなる。たとえば,『朝日新聞』は一面と社説に加え,「こう変わった高校教科書」との見出しで検定前と検定後の記載内容の変化を表にまとめ, そのなかに「侵略」から「進出」への変化も記載している。

日本国内で大々的に報道されると, 同26日に中国の新華社通信が東京のニュースを取り上げ, 7月20日に『人民日報』が公式に批判した。一方, 当時の韓国は全斗煥(チョンドゥファン)政権で, 民主化以前だったためメディアは厳しく統制されており, マスコミはこの問題を大きく取り上げず, 沈黙した(木村 2014)。しかし『人民日報』の批判が出る7月20日頃になると, 韓国のマスコミもこの問題を大きく扱うようになり,「過去の軍国主義, 植民地主義を合理化するもの」と反発を強め,「外交ルートで訂正を要求すべきだ」との声まで上がるようになった。特に, 日本の教科書が, 朝鮮の民族精神の発露として現憲法の前文にも記載される3・1独立運動(1919年)を「暴動」と表現したり, 神社参拝を「強制」ではなく「奨励」としたり, 日本への「強制連行」を「徴用令の適用」としたことなどを批判した(『朝日新聞』1982年7月21日)。

当時の韓国は軍事独裁政権下にあり, 民主化運動が盛んだったため, 日本の歴史教科書「歪曲」への不満は, 民主化を求める韓国の知識人の動きとリンクし, 日韓両国家への批判となり市民運動となった。ソウルの一部では,「日本人には酒を売らない」とする日本人客ボイコットまで起こるほどだった(『朝日新聞』1982年7月27日)。

こうして日韓で歴史認識に向き合う場が用意された。それは韓国人にとって, 日本が朝鮮半島で行ってきたことや, 戦後日本の歴史認識に対して長年抱いてきた「恨(ハン)」が表出する場となっていった。

> 第5章　日韓関係はどう記憶されている？

日本・韓国の歴史教科書「検定」　韓国人の日本の歴史認識（歴史歪曲）への関心は，民主化の達成と軌を一にして高まっていった。その後，韓国の文教部は，日本の歴史教科書問題への対応として，学術交流の増進や民族史観に立脚した韓国史教育と精神教育の強化などを打ち出した。そして，古代史から現代史までで「歪曲」されたと判断される数十個の項目について是正要求をした（鄭在貞2015）。

今日の韓国でも，日本の歴史教科書検定をめぐるニュースは高い関心がもたれ，その日のトップニュースになることもある。日本社会の問題であるにもかかわらず，日本のニュースだけをみていたら教科書検定がいつ行われたのかも知らず，韓国のニュースによって自国の教科書検定の結果を知ることさえある。

戦後日本の歴史教科書の記載内容の変化・減少によって，日本の歴史教育は淡々とした暗記科目となっている。他方で，韓国では民族意識を涵養する「ウリヨクサ（私たちの歴史）」として歴史教育を位置づけ，2020年以降は，高校の韓国史教育における近現代史の比重を大きくし，「前近代史：近現代史＝27：73」となっている。

加えて，韓国では大学進学率が日本よりも高い。日本のような附属校や指定校推薦がないため，大学進学率は大学受験率とほぼ同義で，2024年度の修学能力試験（日本の大学入学共通テストに準ずる試験）の受験者数は約50万人だった。そして，修学能力試験で「韓国史」は必須であるため，文系・理系ともに受験する。他方，2024年度の日本の大学入学共通テストの受験者数は約49万人で，日本の人口が韓国のおよそ倍であることを考えると，韓国の大学受験熱の高さがわかる。さらに大学入学共通テストの「日本史B」は選択科目であり，約13万人の受験者数にとどまった。

日韓の若者の近現代史への知識量の差は，国際交流の拡大によってさまざまな場面で日韓の歴史をめぐる議論が生じた際に，日本人

☕ *Tea Break 5*

実は「光復節」を知らない若者が増えている？

2022年8月に韓国の世論調査会社が実施した調査によると、日本による植民地支配が終わった「光復節」の年号を「1945年」と正しく答えられた人は、全体の58%にすぎなかった。さらに、年齢別でみると、18-29歳の正答率は45%、30代は52%と全体より低い数値となった (Gallup Korea Daily Opinion, No.507, 2022 Aug 9-11th)。

加えて、23年8月に行われた「光復節に対する認知」に関する調査によると (図5-1)、Z世代 (1995-2009年生まれ) と呼ばれる14-28歳では、26.8%が「光復節」の意味を「全く知らない・よくわからない」と回答した。また、「光復節」の連休を利用して日本に旅行することに対して、全体の29.5%が「いつ、どこに行くかは個人の自由だ」と答えたが、この回答の比率がZ世代では32.6%と最も高かった (PMI, 2023 Aug 10th, 『聯合ニュース』23年8月14日)。

本章でみたように、韓国の歴史教育は、1982年の日本の歴史教科書検定問題に端を発して、民族精神を強化したり、文在寅(ムンジェイン)政権以後には近現代

の無知を露呈することになり、将来の日本の国益につながる問題にもなりかねない。

2　近代東アジア世界における朝鮮の地位

以下の節では、近代朝鮮が日本の統治に組み込まれる史実を概観し、史実に対する日韓の歴史教科書の解釈や認識の違いを紹介する。

> 中華秩序と
> 条約体制の違い

日朝の近代史を振り返るうえで、忘れてはいけないことは、日本が朝鮮に進出する以前の東アジア世界は、中国を中心とする中華秩序が既存の秩序として成立していたことだ。中華とは「宇宙唯一の文明」、中国とは「世界の中心」であり、至上の場所という意味である (岡本 2020)。唯一無二の中国皇帝 (天子) を至尊として、その徳が同心円的に無限に広

第5章 日韓関係はどう記憶されている？

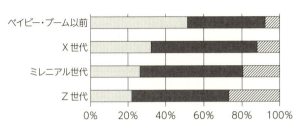

図 5-1 光復節に対する認知

史の比重を大きくしたりする教育を行ってきた。本章だけを読むと，歴史教育に熱心で，近現代史に詳しい韓国人の姿が浮かび上がるかもしれない。

しかし，上の世論調査が示す韓国人の姿も，また，ひとつの真実である。日韓関係を良好に維持していくために大事なことは，日韓の歴史についての知識を得ることとともに，等身大の相手を直接知ることである。

がる世界観を有していた。皇帝の徳に感化され，教化を受け入れた者が，自発的に慕い寄ってくるとされ，教化の外にある者は「化外」とされ，皇帝の統治の恩恵を受けられないとされた（茂木 1997）。

周辺諸国のリーダーにとって，中華秩序に属する恩恵は，皇帝からその国を統治する者として認定（「冊封」）され，大国・中国と平和的な関係が築けるだけでなく，自国で中国皇帝の威光をかざせること，さらに，決められた時期にその国の産物を貢物として中国に持参すれば，その返礼として皇帝から莫大な下賜品を受け取ることができる（「朝貢」）ことであった（「冊封体制」「朝貢システム」）。

ただ，中華秩序は中国皇帝を最上位とする上下関係に基づく儀礼で成り立っていた。冊封は皇帝（上）からその国の国王（下）への儀礼で，朝貢は「貢物」を皇帝に捧げる儀礼であった。これは，西洋近代の条約に基づく対等・平等な国家間関係とは異なる。

103

他方，中華世界において「上国（宗主国）」である中国は，「属国」である朝鮮の内政や外交には原則として干渉せず，国王の「自主」に委ねられた。その点も，近代国際関係における宗主国が属国を支配する関係とは異なるものである。本章では，中華秩序に関しては「属国」と表記し，近代国際関係の属国と区別する。

| 「洋夷」との関係拒否 |

　14世紀，足利義満の時代の日本も明朝に朝貢していた。しかし，日本の場合は，中国との貿易が目的であり，中華の徳を慕い「属国」となることは方便としか考えなかった。この点は，朝鮮と大きく異なる点である。

　現在の韓国史の教科書にはほとんど記載されないが，朝鮮は「東方礼儀の国」（〔中国からみた〕東にある礼儀に明るい国）と自称するほど，明朝中華の世界観を忠実に受け容れようと努め，明朝を宗主国として崇め奉り，自らを「属国」として甘んじた（岡本 2008）。まさに朝鮮王朝は「中華世界の優等生」だった。そのため，1644年の明清交替は朝鮮にとって驚きとともに屈辱的な出来事であり，朝鮮は明朝中華の正統な継承者としての意識を強めることとなる。

　それほど明朝中華を尊崇した朝鮮は，化外である「洋夷（西洋諸国）」との条約締結などは全く考えていなかった。1863年に朝鮮王朝最後の国王・高宗（コジョン）が即位すると，幼い高宗に代わって実父・興宣君昰應（フンソングンハウン）（以下，大院君（デウォンクン））が執権したが，大院君政権はフランス人宣教師を迫害し，それに抗議して侵略したフランス軍艦を追い払い（1866年），アメリカがジェネラル・シャーマン号事件（1866年に武装艦隊ジェネラル・シャーマン号が朝鮮の退去要求に従わないどころか，略奪を続けたことに対して，朝鮮政府が船に火を付け沈没させた事件）の賠償金と開港を要求すると，これを拒否して攻撃（1871年）するなど，洋夷との交わりを徹底して廃する外交を展開した。

　したがって朝鮮は，同じく中華秩序に属し「交隣」の関係を築いていると思っていた日本が，西洋諸国と条約を結び，明治維新を

行ったことは,洋夷になったと映り蔑視した。そのため,大院君政権は日本政府が持参した国交再開の手紙(書契)の受け取りを拒否し続けた。

しかし,1873年に高宗が親政するようになると,長年,交隣を築いてきた日朝関係の修復という観点から,書契の受け取りを前向きに検討した。ところが,日本政府が宴会の場での西洋式の大礼服の着用などを主張したため,交渉は決裂した。他方,日本政府は,朝鮮を独立国とみなして条約を結びたかったため,遂に1875年,日本は雲揚号を朝鮮半島に派遣し,江華島に接近させ,朝鮮側の砲撃を口実に攻撃した。国防の準備が不足していた朝鮮は完敗し,日本の要求により1876年に日朝修好条規を結ぶことになった。

| 日朝修好条規は不平等条約か | 日朝修好条規の第一款には「朝鮮国は自主の国であり,日本国と平等の権を保有する」と記された。この「自主」を,日本は近代国家としての「独立自主」と解釈し,朝鮮は中国の「属国」であり内治外交は「自主」である「属国自主」と解釈した。「自主」は両義的な用語だった。

こんにち,日本史教科書でも韓国史教科書でも,日朝修好条規は不平等条約であると記されている。背景には,不平等条約は良くないため,平等な関係に「改正」しなければならないという認識がある。しかし,当時の朝鮮は上下の儀礼に基づく中華秩序に属していた。日朝修好条規は不平等な側面があるものの,それは西洋近代の論理を取り入れて条約交渉を主導した日本側の見方であり,中華秩序にあった朝鮮側も同じ見方をしたのかはわからない。

たとえば,治外法権については,現在の釜山にある草梁倭館で,対馬藩との関係において既に行われていたもので,むしろ朝鮮側が望んだとされる。朝鮮では倭館時代から日本人が罪を犯した場合,東莱府は対馬藩主に処罰を要請し直接逮捕・処罰はしなかったので,その延長上の規定といえる。また,条款にも記載されている

が，公平さを欠く自国有利の裁判をすれば外交問題に発展する可能性もあり，むしろ自国民を厳しく取り締まった。

他にも，日本だけが首都に使節駐在を規定したことは，一見，不平等にみえるが，朝鮮は当時，日本に常駐使節を派遣する考えがなかった。その上，日本側がソウルに駐在させる使臣の交渉相手として「秉権大臣」を求めたことに対し，朝鮮側はこれを受け入れず，中華秩序の儀礼等を担当する部署の長である「礼曹判書」にするなど，朝鮮側の主張が認められる場面も多かった。

このように日朝修好条規締結の交渉で，朝鮮は決して日本に屈辱的に不平等条約を押し付けられたのではなかった。中華秩序がこの後もずっと続くと思っていた朝鮮にとって，それまでの対日外交の延長上で，日朝修好条規を結んだのである（森 2023）。

3　中華の存在が朝鮮に与えた影響——大韓帝国の成立

清朝との関係をどうするのか　日本史教科書でも韓国史教科書でも取り上げられる壬午軍乱（イモグンラン）（1882年）と甲申政変（カプシンチョンビョン）（1884年）で共通する点は，西洋諸国との関わりが不可避になるなかで，清朝との関係をどうするかについての朝鮮国内の意見対立であるという点だ。

壬午軍乱は，俸給米の遅配に憤った旧式軍隊の兵士たちの反乱だが，背景には日朝修好条規の締結や，アメリカ・イギリスとの条約締結を進める高宗・閔氏（ミン）政権の「開化政策」に反対する大院君を中心とする勢力があった。壬午軍乱の結果，政権に就いた大院君は，朱子学を守り邪教を排斥する考えで，旧来の社会制度に戻そうとした。しかし，清朝が軍隊を派遣して内政干渉し，大院君を中国に拉致することで高宗・閔氏政権が復活する。

甲申政変は，こうした朝鮮における中国の影響力強化に対し，金（キ）

玉均,徐載弼,朴泳孝,徐光範らの若手官僚が,中国の「属国」を脱して,日本の明治維新をモデルに独立国家を形成する改革をしようとしたクーデターである。しかし,ここでも清軍が介入し,クーデターは失敗,甲申政変を起こした者たちは日本やアメリカに亡命し,朝鮮では「逆賊」としてその家族や親戚も殺された。甲申政変の結果,清朝は朝鮮が中国の「属国」であ

写真 5 – 1 駐米朝鮮公使館内(1893年)

注:太極旗には国王がいる景福宮の正門・光化門の写真が掲げられている。
出典:Box 10-Item 1122, Frances Benjamin Johnston photograph collection, The Huntington Library, San Marino, California.

ることを強調するため,袁世凱をソウルに常駐させ,朝鮮の内政外交に干渉し始めた。中華秩序における「内治外交は自主」の原則は,形骸化していった。

　ただ,こうした清朝の政策に対して,高宗が清朝からの独立を目指したとは言い難い。たしかに,高宗は清朝の影響力が強くなると朝露関係を強化したり,東京やワシントンに常駐使節を派遣したりして,清朝以外の二国間関係では朝鮮が「独立国」であることを強調した。特に,駐米朝鮮公使館内に太極旗を掲げ,その上に国王がいる景福宮の正門・光化門の写真を飾っている(写真5–1)のは,ワシントンという各国の代表が集う異国の地で,朝鮮も独立国であることを誇示しようとしたものと理解できる。

　しかし他方で,日本との防穀令事件や金玉均暗殺事件の事後処理など,清朝の「属国」であることを活かして交渉する場もみられた。高宗はまさに,「属国」と「自主」のあいだで戦略的な曖昧外交をしていたのである。

中華の「消滅」：完全無欠な独立国

1895年，日清戦争で日本が勝利して締結した下関条約で，朝鮮は「完全無欠なる独立自主の国」と記され，朝鮮と中国の冊封・朝貢関係は廃止させられ，朝鮮の政治外交における清朝の影響力は大きく後退した。

さらに下関条約に先だって，日清開戦と併行して，日本と開化派官僚を中心に朝鮮における内政改革(甲午改革)が着手されていた。1894年7月23日，日本は，内政改革になかなか応じない高宗・閔氏政権に業を煮やして，王宮・景福宮を占拠するクーデターを起こし，新政権を成立させた。当時，朝鮮の開化派官僚は，高宗の妃・閔妃(のち明成皇后)の戚族が政権を掌握し，朝鮮王朝の伝統的な君権と臣権の均衡による「君臣共治」の政治運営が崩れている状況に不満を抱いていた。そこで，開化派官僚と朝鮮進出を狙う日本政府がともに，近代国家を作るべく内政改革に着手したのである。

1894年秋には，日本政府の重鎮・井上馨が公使に着任するなど，日本政府は朝鮮の内政改革に本腰を入れ，甲申政変によって亡命していた朴泳孝と徐洪範を帰国させ，新たな内閣を成立させた。1895年1月7日には，井上公使と朴泳孝が「誓告文」と「洪範14条」を作成して，宗廟にて歴代の王と王妃の位牌を前に，高宗に誓わせた。

誓告文は，「友邦の真心からの計画と，朝廷の意見が一致し，自主独立こそがわが国を強固にする道である」と，「友邦」である日本が真心から朝鮮の「自主独立」を計画し，朝鮮を強固にしてくれようとしているという趣旨であった。遅れた惨めな朝鮮の近代化を日本が手伝ってあげるという日本帝国主義の思想が垣間見える。

「洪範14条」は，「清国に依りすがる考えを断ち切り，自主独立する基礎を確立すること」で始まり，朝鮮が清朝の宗属関係を断ち切り，独立国であることを内外に広く知らしめる内容だった。甲午改革が強調した朝鮮の独立とは「清からの独立」だった。

朝鮮の地位は，日朝修好条規では「自主」にとどまっていたが，日清戦争の過程で「自主独立」「清からの独立」が提示され，日本の勝利によって「完全無欠なる独立自主の国」になるのである。

大韓帝国の成立：準備された中華皇帝

他方で高宗は，自身の政治的影響力が弱まっていくだけでなく，財源も自由に使えなくなる甲午改革に強い不満を抱いていた。挙句(あげく)の果てに，井上馨公使の後任に就いた三浦梧楼公使が中心となって，閔妃を暗殺する蛮行を起こすと（1895年乙未事変(ウルミサビョン)），身の危険を感じた高宗はロシア公使と相談し，ロシア公使館に避身する（1896年露館播遷）。ここに甲午改革は終焉する。

ロシア公使館で新たな内閣を成立させた高宗は，甲午改革について「あらゆる制度がむやみに新しくなったため，民心が安定しなかった」と批判し，「昔のやり方に倣(なら)いながら，新しい規程を参照することで国の安寧が保たれる」と述べ，「旧本新参」の政治改革に臨んだ。旧本新参が，高宗が目指す政治のあり方だった。

1897年2月にロシア公使館を出て王宮・慶運宮(キョンウングン)（現在の徳寿宮(トクスグン)）に戻った高宗は，皇帝即位の準備を進めた。5月頃から，高宗に皇帝即位を願う上疏（請願や意見を国王に差し出す文書）が増えるが，これは，皇帝即位は臣下からの推戴を理想とする儒教の政治文化を高宗が重視したためである。8月には甲午改革で新設した「建陽」年号を廃止し「光武」に改め，9月には圜丘壇(ファンクダン)（儒教経典の最高神を祀る祭壇で，中華の皇帝のみが祭祀を司ることが許される）の新築を決めた。

陰暦9月17日（陽暦10月12日）が吉日だという理由で，皇帝即位式を挙行することになった。皇帝即位式は，明朝の皇帝即位式を参考にしながら朝鮮の伝統的な儀礼を折衷して，中華世界の理念に基づいて行われた。たとえば，高宗は，皇帝だけが身に着けることができる黄色の袞龍袍(コンリョンポ)を着用し（写真5-2），即位式の翌日には，高宗皇帝自ら，皇太子らを冊封した。10月14日には，国号を「朝鮮(チョソン)」か

写真5-2 袞龍袍を着用した高宗

出典：国立古宮博物館編, 2011, 『大韓帝国――忘れられた100年前の皇帝国』民俗苑.

ら「大韓(テハン)」に改め大韓帝国が成立した。

甲午改革は朝鮮の近代国家形成の前提として「清からの独立」を掲げ，西洋文明に基づく改革をしようとした側面が強い。しかし，高宗は，清朝皇帝と対等な中華の皇帝に自らが即位し，中華を復興させながら，旧本新参の近代国家作りを目指した。

その後，大韓帝国政府は，議会設立を求める独立協会など知識人の運動を弾圧し，1899年には「大韓国国制」によって高宗が国際法で認められる専制君主であることを示した。明朝中華の継承者として出発した皇帝像は，国内の状況や世界情勢の変化に伴って，西洋近代の皇帝像を強めていった。

4 大韓帝国の外交と日本による「韓国併合」

局外中立宣言，日韓議定書，第一次日韓協約

日清戦争に勝利した日本をロシアは牽制し，三国干渉や露館播遷など朝鮮半島におけるロシアの勢力の伸長を企図した。他方，朝鮮半島をめぐる日露の対立が激しくなると，大韓帝国は日本とロシアの両方に接近する外交を行った。対日外交では，1901年11月に，小村寿太郎外相と朴斉純(パクチェスン)外相の間で国防に関する日韓協約を協議し，それをもとに1904年1月20日に「日韓議定書」を結ぼうとしていた。

しかし，大韓帝国は対露外交も併行して展開していた。1903年8月には高宗が，日露開戦時にはロシアを支援するという密書をロシア皇帝・ニコライ二世に送り，同時に側近・玄尚健(ヒョンサンゴン)をフランス

に派遣して，駐仏公使とともにオランダを訪問させ，万国平和会議の関係者と会見して日露開戦時の大韓帝国の局外中立について相談させた。11月，玄尚健はロシアを訪問し，日露開戦時にはロシアを支援するという高宗の密書を伝達し，これに対してニコライ二世は大韓帝国の独立と局外中立を支持すると回答した。そして1904年1月21日，大韓帝国は各国に向けて「局外中立宣言」をした。駐韓ロシア公使は，この全文を発表の3日前に把握しているので，大韓帝国の局外中立宣言は，多国間外交によるものというよりは，ロシアとの二国間外交を前提としたものといえる。

　結果として，日本側からみれば，「日韓議定書」の締結を話し合った翌日の1904年1月21日に局外中立宣言が出され，大韓帝国への不信を募らせることとなった。しかし，2月10日の宣戦布告で日露が開戦すると，日本は大韓帝国の局外中立宣言を無視し，23日には日本の優位な戦況を背景に，軍事同盟の性格をもつ「日韓議定書」を締結した。続いて8月には，日韓議定書第6条「未悉の細条」の「臨機協定」として，日本政府が推薦する外交顧問と財政顧問を置く「第一次日韓協約」が結ばれた。

第二次日韓協約の締結

　1905年3月，日本は奉天会戦でロシアに勝利すると，4月に大韓帝国における保護権の確立を閣議決定した。その後，7月に桂・タフト協定，8月に第二次日英同盟が調印され，米・英から日本の大韓帝国の保護の承認を得る。そして9月に日露戦争の講和条約（ポーツマス条約）が結ばれ，日本が大韓帝国で卓越した利益を有することや，保護・監理することが明記された。日本は，大韓帝国を保護国とする条約の締結に向けて動き出す。

　1905年11月，伊藤博文枢密院議長は「韓国皇室御慰問」の名目でソウルに入り，高宗に謁見する。そして伊藤は，時に恫喝も交えながら，大韓帝国政府の委任を受けて日本政府が代わりに外交を行

う保護条約を高宗に提案した。高宗は独立国家としての「形式」だけは残してほしいと哀訴したが，伊藤は受け入れず，外部大臣が駐韓日本公使と交渉を重ね，その結果を政府に提議し，政府がその意見を決定したうえで，高宗の裁可を求める流れとなった。

ソウルに日本軍が動員されるなか，林権助公使は朴斉純外相と条約案の交渉を進めた。政府大臣たちに承認を求めるも，自ら進んで承諾する者はおらず，日本側は御前会議を開かせようとするも，高宗は条約案の承認はもちろん，謁見(えっけん)も拒んだ。しかし，宮内大臣が伝達した勅答の「政府大臣に商議妥協を遂げるよう，間に立って周旋よく妥協の途を講じて欲しい」という「周旋依頼」を，伊藤は利用し，大臣たちを説得する。李址鎔(イジヨン)・李完用(イワニヨン)・李夏栄(イハヨン)・権重顕(コンジュンヒョン)・李根澤(グンテク)の5名は「情勢やむを得ず」と判断し「賛成」とみなされ，閔泳綺(ミンニョンギ)・韓圭卨(ハンギュソル)は反対した。そのうえで，条約案を修正して高宗に見せると，高宗が「韓国が富強し，その独立を維持するに足る実力を蓄えたならば，この約案を撤回する」との1カ条の挿入を要求したと，宮内相が伝えた。伊藤は，この高宗の要求をもって，皇帝の「裁可」とみなし，1905年11月17日付で第二次日韓協約を結んだ。

|「第二次日韓協約」か，「乙巳勒約」か| 第二次日韓協約は，大韓帝国の外交権を日本が掌握する重大な条約である。しかし，締結過程をみればわかるように，日韓の円満な合意によって結ばれたものではない。日本軍が包囲するなかで交渉したり，伊藤博文は高宗の発言を遮って恫喝したり，何より高宗の裁可が曖昧であるなど大韓帝国内の調印手続きが不自然だった。

以上の流れを日本史教科書では，「1905年，アメリカと非公式に桂・タフト協定を結び，イギリスとは日英同盟協約を改定して，両国に日本の韓国保護国化を承認させた。これらを背景として日本は，同年中に第二次日韓協約を結んで韓国の外交権を奪い，漢城に韓国の外交を統轄する統監府をおいて，伊藤博文が初代の統監となった」

(『詳説日本史探求』山川出版社，2023年)と説明する。

しかし、韓国史教科書では、「韓日脅約図」の挿絵(写真5-3)とともに、第二次日韓協約ではなく「乙巳勒約」(「乙巳」は1905年、「勒約」は強制によって結ばれた条約という意味)と表記し、「アメリカ、イギリス、ロシア

写真5-3 韓日脅約図

出典：国立古宮博物館編，2011，『大韓帝国——忘れられた100年前の皇帝国』民俗苑, 38.

から韓国に対する独占支配を認められた日本は、軍隊で王宮を包囲し、高宗と大臣たちを脅し、韓国を保護国化する条約締結を強要した。(中略)公式名称もなく、強制に締結された乙巳勒約で、大韓帝国は外交権を強奪された。以後、統監府が設置され、伊藤博文は初代統監として赴任し、外交だけでなく内政までも掌握した」(『高等学校韓國史』MiraeN出版，2022年)と説明する。

同じ史実に対して「第二次日韓協約」と説明するのか、「乙巳勒約」と説明するのかでは、史実の解釈も記憶の仕方も異なる。

その後、1907年にハーグで開催された万国平和会議に、高宗は「密使」(韓国史教科書では「特使」)を派遣して第二次日韓協約の無効を訴えようとするが受け入れられず、むしろ李完用首相の怒りを買い、息子の純宗に譲位(1907年8月27日即位)させられた。純宗は障害を負っていたこともあり、譲位直後に、日本が大韓帝国の内政も掌握する第三次日韓協約(1907年7月)を結ぶにあたっても大きな抵抗は示していない。

そして、1910年8月22日の「韓国併合に関する条約」によって大韓帝国は日本に併合された。この条約は第1条で、純宗が大韓帝国の一切の統治権を完全かつ永久に日本の天皇に「譲与」し、第

2条で天皇がこれを「受諾」し大韓帝国を日本に併合することを「承諾」するとされ，日韓の「合意」による「併合」が強調されている。

なお，「併合」という用語は，日本政府が侵略性を弱めつつ朝鮮の領土を日本の一部にする意味を示すために当時考案した新造語だった（外務省調査部第四課『倉知鐵吉氏述　韓国併合ノ経緯』1939年）。そのため韓国では，今も「韓国併合」という用語には批判的で，「国権強奪」「韓日強制合邦」などと表現する。

📖🎬 おすすめ文献・映画

① 森万佑子, 2022, 『韓国併合——大韓帝国の成立から崩壊まで』中公新書．
　本章で扱った歴史部分である韓国併合の歴史について，日本からみた歴史の裏面にあたる大韓帝国の成立から崩壊までを概観する。終章では韓国併合をめぐる合法・不法論争についても整理している。

② 角田房子, 2024, 『閔妃暗殺——朝鮮王朝末期の国母』ちくま学芸文庫．
　本章でも取り上げた「閔妃暗殺」は日本史の教科書でも取り上げられているが，ほとんどの学生は暗記しただけで理解していない。本書は，朝鮮側の対日認識を悪くする決定的事件である「閔妃暗殺」を読みやすい筆致で詳述する。

参考文献

岡本隆司, 2008, 『世界のなかの日清韓関係史——交隣と属国，自主と独立』講談社選書メチエ．

岡本隆司, 2020, 『東アジアの論理——日中韓の歴史から読み解く』中公新書．

木村幹, 2014, 『日韓歴史認識問題とは何か——歴史教科書，「慰安婦」，ポピュリズム』ミネルヴァ書房．

重村智計・飯村友紀, 2010, 「日韓相互Orientalismの克服—現代史の記述ぶり分析」『第2期日韓歴史共同研究報告書　教科書小グループ篇』．

趙景達, 2012, 『近代朝鮮と日本』岩波新書．

鄭在貞（坂井俊樹監訳, 金廣植・徐凡喜訳）, 2015, 『日韓〈歴史対立〉と〈歴史対話〉——「歴史認識問題」和解の道を考える』新泉社．

茂木敏夫, 1997, 『変容する近代東アジアの国際秩序』山川出版社．

森万佑子, 2023, 「教科書Q&A　日朝修好条規から考える『不平等』」『山川歴史PRESS』No.12（歴史総合）(https://ywl.jp/view/hkIY6)．

【森万佑子】

column 6　韓国語？　朝鮮語？　どんな言語？

　韓国語（朝鮮語）は，朝鮮半島に住む民族（朝鮮民族）の言語である。最近は「韓国語」という名称がよく使われるようになったが，もともと日本ではこの地域を「朝鮮」と称するため，学界などでは今も「朝鮮語」と呼ぶことが多い。ちなみに，「ハングル」は韓国語を表記するための文字の名称であり，言語名ではない。

　韓国語の使用話者は，大韓民国（韓国）に約5150万人，朝鮮民主主義人民共和国（北朝鮮）に約2500万人いる。その他アメリカ，中国，日本，ロシア，中央アジアにも韓国語を話す人たちのコミュニティーが形成されている。数の多さでは，世界で23位である（日本語は13位）。韓国と北朝鮮の言語は違うものだろうと誤解している人が時々いるようだが，方言による差があるだけで両地域のことばは同一である。

　韓国語は，日本語と類似しているとよくいわれる。SOV型（主語・目的語・動詞）の基本語順を取ることや，助詞や語尾のような後置詞で文法機能を表すこと，冠詞はなく性や数の文法的な義務づけもないことなど，たしかに印欧語に比べると日韓両言語は似ている。そのためか，しばしば両言語は同系語ではないかという主張も行われてきた。しかし，今までの歴史・比較言語学の知見からは両言語の同系説を裏づける根拠はない。また，両言語の類似点とされる言語的特徴も類型論の観点からみれば他の多くの言語に共通するものである。つまり，言語学的には両方とも別々の孤立言語とみなすべきであろう。

　にもかかわらず，同じ漢字文化圏であって語彙体系に多くの漢字語が含まれていることは学習者にとって朗報であろう。韓国政府は現在ハングル表記専用政策をとっており，原則文書はハングルのみで書かなければならないが，これはあくまで表記上の問題であり，実際，韓国語の語彙における漢語の割合は全体の半分以上を占めている。しかも，漢字の読み方が音読みのみであり，ほぼひとつに統一されていることは非常にわかりやすい。

【朴　鍾厚】

第 6 章

「正しい歴史認識」とは？
▶1987年からの運動

　大法院は日本の最高裁判所に該当する。韓国における歴史認識問題の議論の場は，司法へと移りつつある。

出典：筆者撮影。

1 韓国が抱える3つの「過去」

> 「正しい歴史認識」 とは何か

韓国ではよく「正しい歴史認識 (올바른 역사인식)」という言葉で，植民地時代の慰安婦問題や徴用工問題に対する日本側の対応を批判することが多々ある。しかし，その場合，えてして「正しい」とは自分の主張を正当化するということと同義で使われる場合があり，それは日本でも同じである。そして，この「正しい歴史認識」に関しては，単なる植民地時代の問題をめぐる国家間の差異にとどまらず，軍事政権時代の人権弾圧事件などの国内問題もその対象となる。

本章では，この「正しい歴史認識」をめぐる動きを，韓国において「民主化」という大きな政治的変化をもたらした1987年を始点として振り返り，現在の韓国を理解するひとつの視座を提供する。

そこで，まず韓国国内問題である民主化運動での人権侵害事件，次に日本植民地支配時代の徴用工問題・慰安婦問題，最後にベトナム戦争民間人虐殺事件について概略を整理したうえで，各事案における「正しい歴史認識」をめぐる葛藤について検討していくこととする。

> 「拷問のない社会 で暮らしたい」

1987年6月29日，与党の大統領候補であった盧泰愚(ノテゥ)民主正義党代表委員によって「民主化宣言」が発表された。これは，同年1月にソウル大学生の朴鍾哲(パクジョンチョル)が警察の拷問によって殺害され，警察が「心臓発作」として隠蔽しようとしたところ検察やマスコミまた宗教団体が真実を暴露することによって6月の大規模抗議活動へと拡大した民主化運動の成果であった。この民主化運動のなかでは，主に2つのスローガンが叫ばれた。ひとつは「大統領直接選挙制導入」，もうひとつは「拷問のない社会で暮らしたい」という「願い」であった。

前者については，71年の大統領選挙を最後に間接選挙制となっ

ていたため、民主主義の根幹である国民の意思が反映される選挙制度を求めて、直接選挙制導入が民主化運動のスローガンとなっていた。このような国民の要求に対して全斗煥大統領は「4・13護憲宣言」を発表し、民主化運動勢力が求めた憲法改正を拒否、つまり間接選挙制の継続を宣言した。これで、全斗煥の後継者である盧泰愚が次期大統領となる既定路線が明らかになった。これに反発した国民が、それまで学生・民主化推進勢力主導だった民主化運動に合流し、6月29日の民主化宣言を引き出すことに成功した。その結果、10月の憲法改正により大統領直接選挙制が導入されることとなった。

一方、後者の「拷問のない社会で暮らしたい」という要求は、軍事政権時代に、中央情報部（国家安全企画部を経て国家情報院）、警察公安、保安司令部（機務司令部、軍事安保支援司令部を経て防諜司令部）により、多くの民主化運動活動家・反政府活動家が、国家保安法などを根拠に北朝鮮のスパイとして刑務所に送られ、または殺されたため掲げられたものであった。

映画『1987 ある闘いの真実』をみてもわかるように、朴鍾哲の拷問死が民主化運動の起爆剤となり、また6月の民主抗争のなかでも延世大学の李韓烈が頭を催涙弾で直撃され死亡するなど、国家権力の暴力により多くの若者が命を落とした。もっと遡れば、80年5月18日、光州市では拷問というより軍による武力弾圧で多くの人々が犠牲になっており、民主化運動に参加していた者だけでなく、多くの国民にとって拷問のない社会の実現は切実な問題でもあったのである。

| 植民地支配と過去清算 | 日本において、韓国が抱える歴史認識問題を考察する際に避けて通ることができないのが、植民地支配問題に関する過去清算問題であろう。特に、徴用工問題と慰安婦問題がその代表的事例であり、これらの問題は、2024年現在も日韓関係を左右する争点となっている。

徴用工問題とは，朝鮮半島から日本の炭鉱などに労働のために渡ってきた者や強制的に連れてこられた者などに対する補償・賠償問題であり，日本政府と韓国政府の間では，1965年の日韓基本条約とともに締結された日韓請求権協定によって「完全かつ最終的に」解決したものとなっている。ただし，この協定の効力については見解が分かれており，日本や米国での訴訟で敗訴した被害者・遺族らは，最後の望みをかけて韓国の裁判所に提訴し，2018年10月に大法院（最高裁）で原告勝訴判決が確定した。

　慰安婦問題は，強制連行の一事例でもあるが，戦場において日本軍の性行為の相手をさせられた女性に関する問題である。慰安婦問題に関しては，1993年に河野洋平官房長官が談話のなかで「軍の関与」を認め，お詫びと反省の気持ちを表明し，95年には「アジア女性基金」による「償い金」が元慰安婦61名に渡された。また，2015年12月には，日韓外相会談における日韓「慰安婦」合意により慰安婦問題の「最終的かつ不可逆的な解決」が確認され，日本政府は韓国政府が設立した財団に10億円を拠出し，生存していた元慰安婦47名中35名に，また遺族199名中65名に資金が支給された。しかし，これらの日本政府の対応に納得していない元慰安婦や遺族は日本政府を相手どって訴訟を起こし，21年1月，23年11月には日本政府の敗訴が確定している。

ベトナム参戦と民間人虐殺

　これまでみてきたように，韓国と関連する歴史認識問題は，加害者と被害者の関係が韓国国内問題であるケースや，加害者が外国政府・企業で被害者は韓国国民であった。しかし，韓国が他国に対して被害を与えたケースもある。ベトナム戦争における韓国軍民間人虐殺事件である。

　1960年代中盤から韓国はアメリカに次ぐ数の兵士をベトナムに派兵した。派兵の理由は複数あるが，朝鮮戦争への「恩返し」や，南ベトナムが崩壊するとドミノのように韓国も崩壊するという「ド

ミノ理論」に基づく反共政策の一環であった。戦争中現地において「ダイハン」として恐れられた韓国軍であるが，その過程で9000名のベトナム民間人を虐殺したといわれている。

　この事例は本章で扱う他の2つの事例と異なり，韓国政府が加害者としてその責任を追及されているのが特徴であり，韓国が歴史認識問題に加害者としてどのように対応しているのかが焦点となる。

2　軍事政権下の人権侵害事件をめぐる歴史認識

5・18 光州民主化運動　1987年民主化の契機のひとつは，80年5月18日に光州市で起きた「5・18光州事件」である。本件は，現在では「5・18光州民主化運動」と呼ばれるようになっているが，当時は北朝鮮の煽動による反国家的行為と政府により公表され，「光州事態」と呼ばれていた。「事態」とは，単なる事件・事故ではなく，その行為自体の価値・評価を卑下する目的をもって名づけられるときに使用される用語であり，光州地域以外の国民は政府の発表通りに北朝鮮スパイの煽動による暴動，また死亡者・負傷者たちのことを「暴徒」と認識していた。

　5・18が現在のように民主化運動の一環と評価・認識されるようになったのは，民主化以降のことである。大統領直接選挙制が導入された新しい憲法のもとで選出された盧泰愚大統領は，80年の全斗煥政権誕生の立役者かつ5・18の加害者側の人物でもあり，民主化が達成されたとはいえ，5・18に対する真相究明や補償・賠償はこの政権下では期待できない状態であった。しかし，盧泰愚は自身の支持率の回復を狙って90年に「光州民主化運動関連者補償等に関する法律」(5・18補償法)を成立させ，5・18を民主化運動と定義し犠牲者に対して補償を実施した。ただし，違法行為に基づく「賠償」ではなく「補償」という性質のものであったため，被害者にとって

は満足のいくものではなかった。被害者らは当時の軍の行為を違法行為と認識していたのに対して，盧泰愚政権は合法行為と認識しており，ここに当事者間の歴史認識に差異が生じていたことがわかる。

これらの当事者の認識に一定の合致をみたのが，95年の「5・18民主化運動等に関する特別法」(5・18特別法)である。当時の大統領は金泳三(キムヨンサム)であるが，彼は民主化以前野党の代表として民主化を推進させた政治家であり，自身も軍事政権の圧政で苦しんだ経験をもつ。しかし彼は，国会において少数与党の立場にあった盧泰愚大統領率いる民主正義党と合併することにより巨大与党の民主自由党を形成するのに貢献し，旧軍事政権勢力の協力のもと93年に大統領に就任した。そのため，就任当初は5・18の真相究明などに対して消極的な姿勢を示していたが，盧泰愚同様，任期半ばを過ぎて支持率が低下すると5・18の解決に着手し，ようやく被害者らの求める真相究明や名誉回復が実行されることになった。同時に全斗煥元大統領と盧泰愚前大統領を法廷に立たせ，97年に大法院は，全斗煥に無期懲役，盧泰愚に懲役17年を宣告した。80年の事件発生から87年の民主化宣言を経て，90年補償法，95年特別法，97年司法判断と，17年の月日を要した。

しかし，近年，5・18に関する歴史認識に揺らぎが生じている。たとえば，全斗煥は，軍による市民虐殺の様子を証言した神父について自叙伝(2017年)のなかで「破廉恥な嘘つき」と侮辱し，その証言内容を否定した。一度は行政・立法主導で合意に至ったかのように思われた5・18に関する歴史認識だが，全斗煥によるこのような「挑戦」に対する判断は司法府に委ねられることになった。その結果，2020年11月，光州地方裁判所は，神父に対する名誉毀損を認め有罪判決を下した。

このような傾向は近年ますます高まっており，軍事政権時代権力を掌握していた軍内部の私的組織である「ハナ会」の元メンバーら

は，集会などを通じて「5・18は北朝鮮スパイによる煽動であった」と当時の軍の行為を正当化する主張を繰り返している。一度は合意に至ったかのように思われた歴史認識が近年大きく揺らぎつつあるのである。

「アカ」のレッテルを貼られた人々　5・18のような民主化運動の「象徴」ではなくとも，軍事独裁政権によって犠牲となった国民は多数存在する。そして，これらの人々に対する真相究明作業は2000年になってようやく着手された。「疑問死真相究明に関する特別法」が制定され，同時期に「民主化運動関連者名誉回復及び補償などに関する法律」「済州4・3事件真相究明及び犠牲者名誉回復に関する特別法」などが金大中政権のもとで制定された。金大中は，金泳三同様，軍事政権時代に野党の政治家として民主化を推進し死刑判決を下されるなど，まさに命をかけて軍事政権に抵抗した政治家であった。

　金大中政権下で制定されたこれらの法律により，「北のスパイ（アカ）」のレッテルを貼られた人々の「疑問死」は，「軍事政権による拷問殺人」または「民主化運動の犠牲者」と定義されることになった。具体的には，疑問死真相究明委員会による真相究明，それに続く刑事裁判・民事裁判を通した名誉回復や補償・賠償金の支払いなどが実施された。

　たとえば，「疑問死第一号」と呼ばれるソウル大学法学部教授の崔鐘吉は1973年10月に中央情報部の拷問により死亡したが，当時の政府の発表は「北のスパイであることを自白し，良心の呵責により投身自殺をした」というものであった。反政府活動の激しかったソウル大学の学生を脅すために，無実の教授を「北のスパイ」に仕立て上げ，「次はお前たちだぞ」と警告したのである。2002年に疑問死真相究明委員会による真相究明により拷問死であることが明らかになり，05年にソウル中央地裁により一度は国家賠償請求は棄

却されたが，06年にソウル高裁によって国家の違法行為が認められ遺族らに対する賠償金の支払いが命じられた。

分断国家の韓国において「北のスパイ」というレッテルは社会からの排除をもたらし，「非国民」として認識されてきた。崔鐘吉の家族も「北のスパイの家族」との汚名のもと生きるほかなかったが，30年以上の年月が過ぎてようやく名誉回復を果たすことになったのである。

しかし，崔鐘吉のケースは，当時の資料も豊富に残っており，またソウル大学の教授ということもあって支援者も多数いたため，比較的「順調」に進んだ方であった。5・18のような民主化の象徴でもなく，かつ崔鐘吉のような国内犠牲者とも異なり，支援者も少なく，また北朝鮮との関わりもより深くみえた在日韓国人スパイ捏造事件の犠牲者らは，自らの名誉が回復されるまでじっと待つほかなかった。

|在日韓国人スパイ捏造事件|

1970-80年代，多くの在日韓国人が「母国」韓国へ渡った。そのなかの100名以上の若者が軍事政権の毒牙にかかった。在日韓国・朝鮮人社会では，朝鮮半島のように南北の区切りが明確にあるわけではなかったため，北側との関係をでっち上げ「北のスパイ」に捏造することは韓国国内在住者より容易であった。また，長期間不法に監禁しても，抗議する語学力も十分ではなく，また彼らを支援する親族・友人も少ないため，やはり韓国国内在住者より捏造のターゲットとしては理想的であった。捜査機関による拷問の末，虚偽の自白に基づき国家保安法違反などで数年の懲役から死刑判決まで，捜査機関の意のままに判決が下された。彼らの多くは，民主化以降釈放されて日本に戻った後は韓国との関係を絶ちながら暮らしていた。

彼らの名誉回復は，2005年の「真実・和解のための過去事整理基本法」の制定まで待たなければならなかった。同法により創設さ

れた真相究明委員会の真相究明後に再審の手続きを踏んでいった。なかには1審で無罪が確定する者もいたが、多くが検察の抵抗により大法院まで進んだ。裁判の過程で、「国家を代表して謝罪する」との言葉を被害者らに対してかける裁判官がいたり、実際に判決文の末尾に謝罪の言葉を明記する裁判官もおり、韓国社会における被害者らに対する認識も大きく変化していった。また、ある被害者は、加害者である元捜査官を告発して法廷の場に立たせた。筆者もその場にいたが、白髪で小柄な老人が拷問を否定して自身の無実を訴えている姿は、憎しみよりも哀れというか「軍事政権の罪深さ」を感じた。

　民主化以降、立法・行政・司法により「5・18」「疑問死」「在日韓国人」と段階的に軍事政権時代の人権侵害が立証され被害者の名誉が回復されてきた。これは、韓国における「移行期正義(transitional justice)」の実践である。移行期正義とは、「軍事独裁政権や紛争後の社会が、民主的な社会に『移行』する際に、過去の人権侵害行為に対処する措置、メカニズム、プロセスのことであり、『正義』を追及(追究・追求)する一連の取組みであるということ、また正義の追及によって、真実の追究、法の支配の定着・確立、不処罰の防止、和解が達成される」ことである(望月 2012：1)。このような実践は、過去の過ちを正すことによって、今後二度と同様の人権侵害事件を繰り返さないという意思の表れであり、韓国社会は着実に「拷問のない社会」へと進んできた。

　しかし、その一方で23年8月15日の尹錫悦(ユンソンニョル)大統領による「共産全体主義勢力は、常に民主主義運動家、人権運動家、革新主義活動家に偽装し」という発言のように、拷問による虚偽の自白によって「北のスパイ」と捏造された被害者らの無実を否定するかのような「歴史認識」も表出している。「国民和合」を目指した韓国の移行期正義は、歴史認識をめぐる新たな対立を迎えており、分断国家にお

Tea Break 6

脱北者ソウル市公務員スパイ捏造(ねつ)事件

　1987年の民主化以降「移行期正義」が進展する一方，新たな人権侵害事件も発生している。その代表的な事例のひとつが，ユ・ウソン兄妹が被害者となった「脱北者ソウル市公務員スパイ捏造事件」である。本件は，それまで「成功した脱北者」としてメディアで紹介されてきたユ・ウソンが，韓国内の脱北者情報を北朝鮮に流出させたとの疑いで逮捕された事件であり，2013年1月に「脱北者ソウル市公務員スパイ事件」としてテレビ・新聞で大々的に報道された。

　この事件は，これまでのスパイ捏造事件とは異なり対象が脱北者であるため，一定期間「合法的」に「中央合同尋問センター」（現：北朝鮮離脱住民保護センター）に留めることができ，また，北朝鮮出身者であるため韓国人や在日韓国人などを「北のスパイ」と捏造する「労力」に比べると格段に「容易」に捏造することができた。情報機関にとっては，まさに「鴨がネギを背負ってくる」状態だった。

　この事件で注目されるのは，裁判過程において国家情報院により証拠が捏造された点である。ウソンの妹に対して脅迫と懐柔により虚偽の証言をさせただけでなく，控訴審では中国の公文書を新たに偽造して提出するなどなりふり構わない行為をとった。

　なお，この事件で処分されその後弁護士となっていたイ・シウォン元検事が22年に尹錫悦大統領の側近として大統領室に登用されており，「拷問のない社会」を求めた民主化に逆行する兆候ともとれる現象も生じている。

ける移行期正義がいかに困難であるかを再認識させる発言である。

3　日本による植民地支配と徴用工問題・慰安婦問題

司法から行政・立法への問題提起　　日本による植民地支配と関連する歴史認識問題には，主に徴用工問題と慰安婦問題が挙げられる。前者に関しては，2018年10月の大法院判決，後者に関し

ては21年1月のソウル中央地裁の判決によって、それぞれ日本企業や日本政府に対して損害賠償を命じる判決が下されている。

徴用工判決では、1965年の日韓請求権協定で解決済みという被告の主張に対して、大法院は「日本政府の朝鮮半島に対する不法な植民支配および侵略戦争の遂行と直結した日本企業の反人道的な不法行為を前提とする強制動員被害者の日本企業に対する慰謝料請求権」は、65年の請求権協定の対象ではないと判断した。

また、慰安婦判決では、日本の行為は「計画的・組織的で広範囲な反人道的犯罪行為として、国際強行規範に違反するもの」であり、「主権免除を適用することはでき」ないとして、日本政府に対して損害賠償の支払いを命じた。日本政府は、国際法上の主権免除を根拠に裁判自体の成立を認めていなかったため、控訴することもなく地方裁判所の判決が確定している。

しかし、これらの確定判決にもかかわらず、その後の裁判では上記判断に反するような判決が下されてもいる。たとえば、2021年6月7日のソウル中央地裁は、大法院で確定した徴用工判決の決定に反する判断を下し、被告である日本企業の主張を受け入れ原告側の敗訴判決を言い渡している。大法院の決定が韓国司法府の立場であるという点に変わりはないが、その大法院の決定に反する判決を下級審が下しており、司法内部における歴史認識のズレが表面化した。特に2010年代以降、歴史認識の議論の場が司法に移りつつあるが、このような傾向が歴史認識問題の解決にどのような影響を与えるのか十分に注視する必要がある。

慰安婦判決に関しても、日本政府の責任を認めた判決の3か月後の21年4月、ソウル中央地裁は、国際法上の主権免除を認め、原告敗訴判決を宣告した。のみならず、原告側への損害賠償命令を宣告した1月判決の訴訟費用の差し押さえを求めた3月29日の訴訟では、日本政府の財産を差し押さえることが「韓国司法府の信頼を

低下させ」「憲法上の国家安全保障、秩序維持、公共の福祉とも衝突する結果」をもたらすとして原告の訴えを認めなかったのである。

> 行政による徴用工問題解決の試み

徴用工判決をめぐっては、裁判当事者である日本企業以上に日本政府が抗議の意思を表明しており、企業自らの判決の履行は期待できない状態である。1965年の日韓請求権協定で解決しているというのがその理由である。韓国の文在寅(ムンジェイン)大統領も「現金化は望ましくない」と判決の履行について否定的な発言をしているが、具体的な対策をとることができずに、ただ司法の手続きの進展を見守るしかなかった。

この状況を打開しようとしたのが尹錫悦大統領である。韓国政府傘下組織である日帝強制動員被害者支援財団を窓口として韓国企業からの寄付を募り、それを原資に原告側への賠償金支払いを日本企業に代わり肩代わりするという「第三者弁済案」が提案され、一部原告・支援団体の反対、さらには被害者間の意見の相違も表面化したが、強行された。

その結果、15人の対象者のうち11人は財団からの第三者弁済方式による支払いを受入れ、4人は拒否した。つまり、行政による政治的解決を11人が受け入れ、4人はあくまでも司法の判断による解決に固執したのである。そこで財団はこれら4人に支払うべき金銭を裁判所に預ける供託制度を活用することによって、解決させようとした。

> 司法に否定された供託金による解決

供託制度とは、債務者が弁済をしようとしても債権者が受け取らない場合などに、供託所に金銭などを提出してその管理を委ね、最終的には供託所が債権者にその財産を取得させることによって、法律上の目的を達成しようとする制度である。財団はこの制度を活用し、第三者弁済による受け取りを拒否している原告らへ支払いを終わらせようとした。しかし、供託官が財団からの供託金を受理しようとしなかったため、財

表6-1 慰安婦問題・徴用工問題関連の主な条約／判決

日　時	条約／判決など
1965年6月22日	日韓基本条約，日韓請求権協定締結
1995年7月19日	女性のためのアジア平和国民基金（アジア女性基金）発足
2011年8月30日	憲法裁判所，「慰安婦問題に対する韓国政府の不作為は違憲」
2012年5月24日	大法院，徴用工判決ソウル高裁へ差戻し
2013年7月10日	ソウル高裁，徴用工裁判原告勝訴判決
2015年12月28日	日韓外相による日韓「慰安婦」合意
2016年1月13日	ソウル西部地裁，朴裕河（民事）裁判賠償金9000万ウォン
2017年1月25日	ソウル東部地裁，朴裕河裁判無罪判決
10月27日	ソウル高裁，朴裕河裁判有罪判決
2018年10月30日	大法院，徴用工裁判原告勝訴確定
2019年12月27日	憲法裁判所，「日韓「慰安婦」合意，法的効力なし」
2021年1月8日	ソウル中央地裁，慰安婦裁判（一次訴訟）原告勝訴
1月18日	文在寅大統領，徴用工判決と関連して「現金化，望ましくない」
3月29日	ソウル中央地裁，慰安婦訴訟費用の日本政府への請求を認めず
4月21日	ソウル中央地裁，慰安婦裁判（二次訴訟）原告敗訴
6月7日	ソウル中央地裁，徴用工裁判原告敗訴
6月9日	ソウル中央地裁，慰安婦判決と関連して日本政府へ韓国内資産開示命令
8月11日	ソウル中央地裁，徴用工裁判原告敗訴
9月8日	ソウル中央地裁，徴用工裁判原告敗訴
9月27日	大田地裁，三菱重工業の韓国内商標権と特許権売却命令決定
2023年3月6日	韓国政府，財団による「第三者弁済」解決策発表
8月～9月	光州地裁など，財団の供託金受理の訴え認めず
10月26日	大法院，朴裕河裁判ソウル高裁へ差戻し
12月21日	大法院，徴用工裁判原告勝訴確定
11月23日	ソウル高裁，慰安婦裁判（二次訴訟）原告勝訴
12月28日	大法院，徴用工裁判原告勝訴確定
2024年1月11日	大法院，徴用工裁判原告勝訴確定
1月18日	光州地裁，徴用工裁判原告勝訴
1月24日	ソウル西部地裁，「慰安婦売春発言」名誉毀損裁判にて無罪判決
1月25日	大法院，徴用工裁判原告勝訴確定
2月1日	ソウル高裁，1審（2021年6月7日）判決問題あり。1審に差し戻し
2月15日	光州地裁，徴用工裁判原告勝訴
4月12日	ソウル高裁，朴裕河裁判無罪判決

出典：筆者作成。

団は司法の場に訴えることになったが，供託官は法務部所属のため，財団は供託官の「上司」である法務部長官を訴えることになった。つまり，行政府傘下の財団が，行政府の一組織である法務部を訴えることになり，行政府内部の争いを司法府が判断するという格好になったのである。

結局，司法は財団の主張を受け入れなかった。その理由は，「慰謝料は精神的損害という非財産的損害に対する賠償金であり，精神的損害の補塡的性格のみならず，加害者に対する制裁的機能，金銭的な満足以外に被害者が個人的に負った人格の侮辱など不法かつ不当な仕打ちに対して被害者を心理的・感情的に満足させる機能もある」ところ，「加害企業が不法行為事実自体を否認し，被害者に対する損害賠償債務を認めていない状況において，申請人（筆者注：財団）が第三者弁済を通じて本件判決金を弁済した後に加害企業に求償権行使を行わないならば，加害企業に免罪符を与えることになる結果をもたらし，債権者としては精神的損害に対する債権の満足を得ることが難しい」ため，債権者である原告が受け取りを拒否している以上，第三者弁済を制限することが望ましいというものであった。

つまり，日本政府と韓国政府とが締結した1965年の政治的合意を2018年に司法府が否定し，その司法府の決定を第三者弁済という政治的履行で財団は解決しようとした。しかし，原告らに拒否されるや財団は強制的に金銭を支払おうとしたのだが，最終的にその解決方法を司法が認めなかったということである。

「日韓対立」から「韓韓対立」へ　そもそも日韓両国間の国際紛争であった徴用工問題や慰安婦問題であるが，いつの間にかその紛争当事者の対立構図が，「日本」対「韓国」から韓国国内問題へと様変わりしているようにもみえる。もちろん，被害者の家族が24年3月に日本製鉄らを訪問し謝罪と賠償を求めるなど「被告企

業」に対する抗議は依然として続いており，第三者弁済を受け入れていない被害者に対して日本企業が負っている債務，また日本政府が元慰安婦らに対して負っている債務も現存しているため，依然として「日本」が紛争の当事者であることは間違いない。

しかし，韓国司法府内部の法的判断をめぐる対立のみならず，少女像や「水曜デモ」をめぐる元慰安婦・支援者と韓国保守派・右翼間の対立は，24年に入り釜山の少女像に「撤去」と書かれた黒い袋を被せるなどエスカレートしており，深刻な韓国国内対立を誘発している。

また，朴裕河の著書『帝国の慰安婦』をめぐっては，元慰安婦の名誉を傷つけたとして15年に名誉毀損で訴えられている。17年1月の1審では無罪となったものの同年10月の高裁では有罪が宣告された。しかし，23年10月に大法院がこれをソウル高裁に差し戻し，翌年4月にソウル高裁は無罪を言い渡した。結局検察が上告を断念したため無罪が確定した。一方，14年に慰安婦被害者から訴えられた損害賠償訴訟では，16年1月にソウル西部地裁にて9000万ウォンを原告側に支払うよう命じる判決が言い渡されている。

このように，日本植民地支配に関する歴史認識問題は，「日本」対「韓国」という従来の対立構図から，「主人公」である日本を抜きにした韓国国内の対立構図へと変化しつつあり，日本植民地支配に関する歴史認識問題は，「日韓対立」から「韓韓対立」へと変容しつつある。

4 ベトナム参戦と民間人虐殺

> 『ハンギョレ21』特集と退役軍人による反発

これまでタブーとされてきた韓国軍のベトナム派兵問題に火がついたのは，1999年9月の『ハンギョレ21』（進歩系新聞『ハンギョレ』の週刊誌）の特集

であった。それも、韓国軍がベトナム戦争において民間人を虐殺したという大変ショッキングな内容であった。2000年1月には、「ベトナム民間人虐殺真相究明対策委員会」「和解と平和のためのベトナム診療事業」などが発足し、加害者としての歴史に向き合う動きが韓国市民のなかから起こった。

一方、この『ハンギョレ21』の特集に対しては退役軍人らが猛抗議した。同年6月27日、約2000名の大韓民国枯葉剤後遺症戦友会がハンギョレ新聞社を襲撃した。『ハンギョレ21』の記事が、枯葉剤被害に関する訴訟に悪影響を与えているというのが戦友会の主張であった。その結果、ハンギョレ新聞社の職員10名以上が暴行され、21台の自動車が破壊されるなど多くの被害が出た。

韓国政府による「謝罪」と「否定」　01年8月23日、金大中大統領はベトナムのチャン・ドゥック・ルオン主席に「不幸な戦争に参加し、不本意にもベトナム人に苦痛を与えたことに対して申し訳なく思う」と謝罪し、民間人虐殺被害地域に病院や学校を建設することを約束した。この謝罪に対し朴槿恵（パククネ）ハンナラ党議員（当時、後の大統領）は自身のホームページに、金大中大統領の謝罪は「朝鮮戦争に参戦した16か国の首脳が金正日（キムジョンイル）総書記に謝罪するようなもの」であると批判した。

また、18年3月23日には、文在寅大統領がチャン・ダイ・クアン国家主席に「両国間の不幸な歴史に対して遺憾の意を表する」と謝罪した。この時、文大統領はより具体的な謝罪を検討したがベトナム側が難色を示し、またアメリカなどのベトナム参戦国に配慮し、具体的な言及を行わない形になったといわれている。ベトナム側はこれまでも韓国軍による民間人虐殺事件に関しては、消極的な姿勢をとってきた。その理由は、本問題を取り上げることによって、韓国からの経済的な支援や韓国企業のベトナム進出に悪影響を及ぼすことを憂慮したためである。

このような金大中・文在寅大統領の謝罪にもかかわらず、韓国国防部は19年9月9日、真相究明調査を求める遺族・犠牲者らに対して「国防部が保有する韓国軍戦闘資料では韓国軍による『民間人虐殺』関連内容を確認することができない」とし、謝罪や被害回復措置を拒否している。このような現状に対して、虐殺事件の生存者を支援するある関係者は、「民間人虐殺の資料がないと国家が言っているのに、大統領は何に対して謝罪をしたと言うのだろうか。そういう意味では、まだ真の謝罪はなされていないと考えるべきだ」とも語っている。結局、韓国政府は事実関係を認めないまま、謝罪というよりは「遺憾」を表明したにすぎず、この問題も議論の場は司法へと移ることになった。

司法による「被害者中心主義」の実践

18年4月21日に民主社会のための弁護士会・韓ベ平和財団などの主催で、「ベトナム戦争市民平和法廷」がソウルで開催された。韓国の民間人虐殺責任を問う本法廷では金英蘭元大法官(最高裁判事)が裁判長を務め、韓国の責任を認めると同時に真相究明・損害賠償を韓国政府に勧告した。

「被害者中心主義」を掲げていた文在寅政権ではあったが、被害者・支援者らが求める真相究明・名誉回復に対しては消極的な姿勢を貫いていた。そこで、20年4月、被害者グエン・ティ・タンは、ソウル中央地裁に大韓民国を相手に損害賠償を求める訴訟を提起し、23年2月7日に裁判所は原告の主張を認め、3000万ウォンの賠償金支払いを韓国政府に命じた。19年に国防部が否定した民間人虐殺を司法府が認めたわけであるが、この司法の判断に対して尹錫悦政権は23年3月9日に控訴した。

「正しい歴史認識」の司法化

これまでみたように、韓国における「過去」をめぐる対立は、1987年以降の民主化過程における移行期正義の深化と歩調を合わせるように、加害者と被害者間

の和解,また国民的和合へと向かっていった。

　行政府・立法府が設置した真相究明委員会が中心となり,歴史的真実を明らかにすることにより歴史認識が共有・統一されてきたが,統一された歴史認識が揺らぎ始めると議論の場は司法府へと移り,司法の判断が「正しい歴史認識」を形成し始めている。なぜ,このような歴史認識の「司法化」が進んだのだろうか。

　それは,歴史認識問題における両極化が進んでおり,関係者同士の議論自体が成立しなくなっているからである。つまり,1987年から始まった歴史認識をめぐる運動は,「共通の歴史認識を作り出すための運動」から「自身の『正しい歴史認識』を相手に押しつけるための運動」へと変化しつつあり,「和合」のための「正しい歴史認識」から「支配」のための「正しい歴史認識」となりつつある。まさに,「歴史戦争」である。そのためには,相手を完膚なきまで否定し自らの正当性を訴え,裁判官が勝敗を決する訴訟による「正しい歴史認識」の形成が一番「効率的」なのである。

📖🎬 おすすめ文献・映画

①チェ・スンホ監督,2016,『スパイネーション/自白』(映画).
　「脱北者ソウル市公務員スパイ捏造事件」や在日韓国人スパイ捏造事件を扱ったドキュメンタリー。

②チャン・ジュナン監督,2017,『1987　ある闘いの真実』(映画).
　1987年1月の朴鍾哲拷問死から6月民主抗争の過程を描いた映画。映画の最後には当時の実際の映像も見ることができる。

参照文献

コ・ギョンテ(平井一臣・姜信一・木村貴・山田良介訳),2021,『ベトナム戦争と韓国,そして1968』人文書院.
朴裕河,2024『帝国の慰安婦——植民地支配と記憶の闘い』朝日文庫.
望月康恵,2012,『移行期正義——国際社会における正義の追及』法律文化社.
渡辺延志,2021,『歴史認識 日韓の溝——分かり合えないのはなぜか』ちくま

新書.
〔韓国語〕
全斗煥, 2017, 『全斗煥回顧録 (第 1 ～ 3 巻)』チャジャクナムスプ.

【木村　貴】

column 7　軍，宗教，政治が結びつく　LGBTQをめぐる問題

　韓国社会ではLGBTQなど性的少数者に対する差別や偏見は今でも非常に根強い。日本のようにLGBTQのカップルを公的に認めるパートナーシップ制度を導入した自治体はなく，LGBTQに関する教育をする学校もほとんどない。民間企業もLGBTQのための取り組みには消極的で，カミングアウトする人はごく少数である。当事者であることを公言して放送に出る芸能人も非常に少ないことから，当事者が社会で可視化されにくい。また，韓国軍は1990年代まで同性愛を「病気」として扱い，同性間の性行為を禁止する軍刑法は今でも存在する。

　特筆すべきは，2007年に性的指向への差別禁止を盛り込んだ包括的差別禁止法が国会で議論になったことを契機に，キリスト教・プロテスタントの保守派が反同性愛運動を組織的に展開するようになったことだ。韓国社会ではプロテスタント教会は一大勢力で，保守派は軍事独裁政権を支持してきた歴史もあり政治との結びつきが強い。保守派はLGBTQの運動団体だけでなく，LGBTQに関する取り組みを進めようとする自治体，議員，教育現場などにも圧力をかける。自治体ではLGBTQの権利を守る取り組みが，反対運動により白紙になることが相次いだ。現在の進歩系最大野党「共に民主党」でも批判を恐れ，LGBTQの権利擁護をあえて主張する人はほとんどいない。

　ただ，世論調査をみると若い人を中心に韓国社会でも意識の変化がみられる。韓国のドラマや映画でもLGBTQの当事者が登場するものが増えてきた。日韓の当事者やLGBTQの問題に関心のある人の交流は，近年，さまざまな領域で展開されている。24年3月に同性婚訴訟の控訴審判決が札幌であった際は，韓国の活動家が北海道まで駆けつけた。日韓にいる女性2人の同性愛をテーマにした韓国映画『ユンヒへ』(19年公開)は日韓に通じるLGBTQや女性をめぐる問題を正面から扱ったことで日本でも共感を呼んだ。こうした国を超えた連帯も，今後さらに発展していくことを期待したい。

【日下部元美】

第 7 章

韓国人がいなくなる？
▶少子高齢化への政策対応

ソウル市南部・江南区の光景

　20年以上にわたり「学習塾の聖地」として君臨してきたソウル市南部・江南区の大峙洞においてさまざまな塾の看板が掲げられたビル。

出典：筆者撮影。

1 韓国における少子化の現状

> 出生率0.72
> という衝撃

韓国の2023年の合計特殊出生率(以下,出生率)は0.72となり,22年の0.78を下回り15年の1.24を記録して以降,8年連続で過去最低を更新した(図7-1)。日本の1.26(22年)やOECD(経済協力開発機構)の平均1.58(21年)を大きく下回る数値だ。23年に生まれた子どもの数は23万人で,22年より1万9200人減少し,歴代最少を記録した。死亡数は35万2700人で前年比2万239人減少したものの,出生数と死亡数の差である「自然増減」は12万2700人減で,4年連続で人口が減少した。

図7-1 韓国における合計特殊出生率の推移

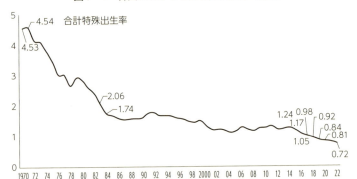

出典:韓国・統計庁「2023年人口動向調査出生・死亡統計(暫定)」より筆者作成,最終アクセス:2024年3月1日。

15年以降出生率が低下し続けている理由としては,この時期に出産をした女性の多くが1980年代中盤以降に産まれた女性であることや,韓国の経済成長率が2012年以降大きく低下したことが挙げられる。つまり,韓国政府が実施してきた産児制限政策が1980年代からそれまでの「2人を産んでよく育てよう」から「ひとりだ

け産んでよく育てよう」に代わり，産まれる子どもの数が減り始めたことが2015年以降の出生率低下に影響を与えたと考えられる。また，2000年代に平均5％であった経済成長率が12年に2％台に低下してから回復されず，それ以降も2％前後という今まで韓国経済が経験したことのない低成長が続いたことが若者の失業率や非正規労働者の割合増加につながり，出生率にマイナスの影響を与えたのだろう。

> **大都市はさらに深刻**

さらに，ソウル市を含む大都市の出生率低下が続いている。韓国の4大都市の出生率はソウルが0.55，釜山(プサン)が0.66，仁川(インチョン)が0.69，大邱(テグ)が0.70で下位1位から4位を占めた。22年と比べて出生率が上昇したのは忠清北道(チュンチョン)のみで，22年には出生率が1.0を超えていた世宗(セジョン)の出生率もついに1を下回ることになった。特に，ソウル市のなかでも鍾路区(チョンノ)(0.40)，広津区(クァンジン)(0.45)，江北区(カンブッ)(0.48)，麻浦区(マポ)(0.48)の出生率は0.5を下回った（図7-2）。

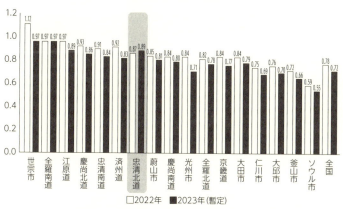

図7-2 韓国における地域別合計特殊出生率（2022年と2023年（暫定））

出典：韓国・統計庁「2023年人口動向調査出生・死亡統計（暫定）」より筆者作成，最終アクセス：2024年3月1日。

韓国の国会立法調査処は14年8月に，出生率が1.19 (13年) のままで少子化が改善されない場合,「韓国は2750年には消滅する」という推計結果を発表した。しかし，状況はより深刻になり，出生率は0.72まで低下している。このままだと韓国が地球上から消滅する日はより早まるだろう。

2　なぜ韓国の出生率は低いのか

　なぜ韓国では少子化がここまで深刻になってしまったのだろうか。韓国における少子化の主な原因としては，首都圏 (ソウル，京畿道，仁川) に人口や就業者が集中していること，若者がおかれている経済的状況が良くないこと，若者の結婚および出産に関する意識が変化したこと，育児政策が子育て世代に偏っていること，男女差別がまだ残存していること，子育ての経済的負担感が重いことなどが考えられる。

首都圏への人口集中　行政安全部が発表した調査結果によると，2023年12月現在，首都圏の住民登録人口は2601万人 (ソウル939万人，京畿道が1363万人，仁川300万人) で，全体の50.7％に上ることがわかった。また，同時点における首都圏の就業者数は1448万人で全就業者の51.6％を占めた。良質の仕事を求めて首都圏に集まった若者は，激しい競争を生き残るために結婚と出産をあきらめた可能性が高いだろう。

若者の経済状況　韓国ではまだ儒教的な考えが根強く残っており，結婚してから出産するケースが多い。しかし，多くの若者は安定的な仕事を得ておらず，結婚という「贅沢」を選択できない立場におかれている。韓国における20-29歳の若者の失業率は20年の9.0％から22年には6.4％に改善した。しかし，これは新型コロナウイルスのパンデミックによる落ち込みからの反

図7-3 失業率，若者(15-29歳)の失業率・拡張失業率の推移

出典：韓国・統計庁「経済活動人口調査」より筆者作成。

動増の側面が強く，政府の財政支出が雇用を押し上げていること，人口構造的に若者人口が減少していることなどが失業率改善の主な理由である。

しかし，22年の若者の失業率は全体失業率2.9％より2.2倍以上も高く，同時点の日本の20-24歳と25-29歳の失業率である4.8％と3.8％を大きく上回っている。さらに，15-29歳の若者の「拡張失業率」は22年時点で19.0％(15-29歳の失業率は6.4％)に達している(図7-3)。「拡張失業率」とは，国が発表する失業者に，潜在失業者(就労を希望しつつも，さまざまな事情から求職活動をしていないので失業者としてカウントされない失業者)や不完全就業者(週18時間未満働いている者)を加えて失業率を再計算したものである。

韓国で若者の失業率が高い理由としては，大学進学者が多く卒業後の就職における需要と供給のミスマッチが発生していることに加え，サムスン電子，現代(ヒョンデ)自動車などの大企業(一次労働市場)と中小企業(二次労働市場)の間の賃金格差が大きいなど，労働市場の二極化が進んでいることが挙げられる。そこで，多くの若者は就職浪人をしてまで大企業に入ろうとするが，採用されるのはごく一部にす

ぎない。一次労働市場に入れなかった若者の多くは公務員になるために公務員試験の準備をしているが，公務員になることも簡単ではない。

また，高い不動産価格も非婚化・晩婚化の一因になっている。韓国では結婚前に男性側が家を用意する慣習があるものの，近年の不動産価格の高騰は男性にとって結婚のハードルを高め，婚姻件数の減少にもつながっている。

> **結婚・出産に関する若者の意識**

若者の結婚および出産に関する意識も変化している。統計庁が22年に実施した「2022社会意識調査結果」によると，結婚すべきだと思う（「必ずすべきだ」と「した方が良い」の合計）人の割合は50.1％で，1998年の73.5％より23.4ポイントも低下した（図7-4）。男女別には男性が55.8％で女性の44.3％を上回った。

結婚しない理由を尋ねたところ，非婚男性の場合は，「結婚資金が足りないから」（35.4％），「結婚の必要性を感じないから」（15.2％），「雇用状態が不安だから」（13.4％）が上位3位を占めたことに対して，非婚女性は「結婚の必要性を感じないから」（23.3％），「結婚資金が足りないから」（22.0％），「出産と養育が負担になるから」（12.5％）が上位3位を占めており，男女の間に結婚しない理由に差があることが明らかになった（図7-5）。

ビッグデータの分析結果をみると，以前は幸福に関連する言葉として，「愛する」「会う」「一緒にいる」という言葉が挙げられていたが，最近は，「食べる」「美味しい」「元気に過ごす」といった言葉が若者の幸福に影響を与えていることがわかった。また，結婚しても子どもを産もうとしない若者カップルが増えている。結婚や出産に対する経済的負担が大きいので，結婚や出産を選択するより自らの生活を重視する傾向が強くなっていると考えられる。

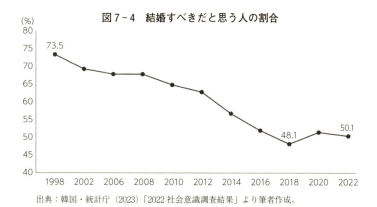

出典：韓国・統計庁（2023）「2022 社会意識調査結果」より筆者作成。

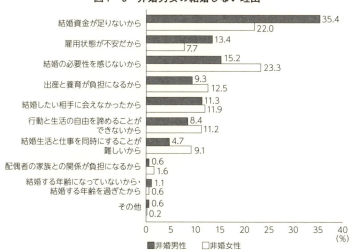

出典：韓国・統計庁（2023）「2022 社会意識調査結果」より筆者作成。

| 子育て世帯に偏った育児政策 | 韓国における少子化の原因は，子育て世帯の経済的負担の問題だけではなく，非婚化や晩

婚化の影響も受けている。韓国の30代の非婚率は15年の36.3％から20年には42.5％になり6.2ポイントも増加した。特に30代男性

の非婚率は50.8％で初めて50％を超えた（30代女性は33.6％）。また，男性と女性の平均初婚年齢は，それぞれ1990年の27.8歳と24.8歳から2021年には33.4歳と31.1歳まで上昇した。これは同時期の日本の男性31.0歳，女性29.5歳よりも高い。

このように非婚化や晩婚化が進んでいるにもかかわらず，韓国政府の今までの少子化対策は，出産奨励金や保育費の支援，児童手当の導入や教育インフラの構築など主に子育て世帯に対する所得支援政策に偏っていた。

いまだに残る男女差別

また，男女差別がまだ残存していることも少子化の原因として考えられる。韓国では女性の大学進学率が男性を上回っているにもかかわらず，大卒女性の就業率は男性を下回っている。韓国の教育部と韓国教育開発院が発表した「2020年高等教育機関卒業者就業統計」によると，大卒以上の者の就業率は65.1％で11年以降最低値を記録した。女性の就業率は63.1％で男性の67.1％より4.0ポイントも低く，16年以降その差が少しずつ広がっている。

大卒女性の就業率が男性に比べて低い理由としては，統計的差別がまだ残存していることが考えられる。統計的差別とは，差別を行う意図がなくても，過去の統計データに基づいた合理的判断から結果的に生じる差別をいう。つまり，まだ韓国の一部の企業は，「〇割の女性が出産を機に仕事を辞める，女性の〇割は専業主婦になることを望んでいる」といった統計データに基づいて採用を行っており，統計的差別が発生している。また，女性は産休や育休を取得するケースが多いことや，結婚や出産により退職する場合もある，という統計をみて採用を躊う企業もある。

他方，大学進学の目的が，就職よりも将来の結婚相手を見つけるため，という女性が一部にいることも，大卒女性の就業率が男性より低くなっている理由のひとつであろう。

第7章　韓国人がいなくなる？

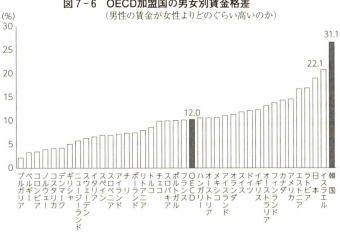

図7-6　OECD加盟国の男女別賃金格差
（男性の賃金が女性よりどのぐらい高いのか）

出典：OECD Data "Gender wage gap" より筆者作成。各国とも2020年前後の最新データに基づく。最終アクセス：2022年10月21日。

21年現在の韓国の就業率を他のOECD38か国と比較すると，男性は75.2％で19位であるが，女性は57.7％で31位となっている。日本の男性84.1％，女性71.5％と比べても大きな差があり，特に女性の方が差が大きい。さらに，韓国はOECD加盟国のなかで男女間の賃金格差が最も大きい国である。21年の男性の賃金水準は女性と比べて31.1％高く，日本の22.1％やOECD平均12.0％を大きく上回る（図7-6）。

統計的差別や賃金格差がなくなり，女性が男性と同等に労働市場で働くことになると女性は男性に経済的に頼らなくなり，性別役割分担意識もなくなる。そして，子育てに対する経済的負担が減りひとりでも子育てができるという自信ができ，出産を肯定的に考えることになるだろう。

> 子育ての
> 経済的負担感

子育ての経済的負担感が重いことも少子化の一因になっている。特に韓国では私的教育費

の負担が大きい。韓国における小学生から高校生までの私教育費は20年の約19.4兆ウォンから21年には23.4億ウォンに21.0％増加した。また，全学生のうち，私教育を受けている学生の割合も同期間に67.1％から75.5％へと8.4ポイント上昇した。新型コロナウイルスのパンデミックによる落ち込みからの反動増の側面が強い。私教育を受けている学生の１人あたり１か月平均私教育費は48.5万ウォンで，高校生が64.9万ウォンと最も高かった（小学生40万ウォン，中学生53.5万ウォン）。

しかし，この金額はあくまでも平均であり，地域や所得階層間で私教育にかける費用には大きな格差がある。特に，ソウルの江南区，そのなかでも有名塾が集まっている大峙洞で使われている私教育費は想像を絶する。

例えば，大峙洞の有名塾に子どもを通わせる場合，学生生活記録簿（以下，生活記録簿）の管理を専門の入試コーディネーターに頼むだけで年間2000万ウォンの費用がかかる。生活記録簿には高校１年から３年までの成績はもちろん，学内や学外の受賞歴，資格証の取得状況，語学試験の結果，課外活動，ボランティア活動，クラブ活動など，進路希望などが書かれており，日本の「内申書」にあたるものである。では，なぜ生活記録簿の作成・管理にここまで大金をかけているのだろうか。

| 入試という「戦場」 |

韓国の大学入試は大きく「随時募集（日本の推薦入学に相当）」と「定時募集（日本のセンター試験に相当）」に区分することができる。「随時募集」は高校の学校生活記録簿，自己紹介書，教師推薦書，面接などが選別に反映されることに対して，「定時募集」では大学修学能力試験（以下，「修能」）の点数を中心に選別する。

韓国の大学入試といえば「定時募集」を思い浮かべる人が多いと思うが，最近は「随時募集」の割合が年々高くなっている。例えば，

2000年に3.4％にすぎなかった「随時募集」の割合は23年には78.0％まで上昇した（全国の大学基準）。しかしながら、首都圏大学の「随時募集」の割合は64.7％で全国の大学基準と差をみせている。多くの大学は「修能」が採択している五肢択一の問題を解いた点数だけでは、問題をみつける能力、批判的思考、創意的思考、表現力を測定することが難しいと判断し、大学の基準に適合した学生を選別するために「定時募集」より「随時募集」の割合を上げているのだ。

　したがって、「インソウル」、つまり、ソウルにある大学に入るためには、生活記録簿が何より重要であり、そのために大崎洞などの有名塾に子どもを通わせているのである。もちろん、他の学生と差別化された生活記録簿を作成するためには高校での成績なども大事だ。だから、生活記録簿の管理を依頼することとは別に塾に通いながら英語、数学など科目ごとのプライベートレッスンを受ける。プライベートレッスンの費用は科目当たり1か月に数十万ウォン以上かかる。特に毎年11月に行われる「修能」直前の7-10月には1か月に1000万ウォン以上する有名講師の特別プライベートレッスンを子どもに受けさせる親も多い。

　子どもたちは1日に数か所の塾に移動しなければならないので、鞄の代わりに旅行用のキャリーバッグに教科書などを入れて移動する。塾の授業が終わって次の塾の授業が始まるまでの残り時間はスタディ塾に移動して宿題などをする。もちろん、そこにも宿題などを指導してくれる専門の講師がおり、塾の費用とは別のお金がかかる。塾の授業が一斉に終わる時間帯には塾が密集している「ウンマ交差点」をはじめとした大崎洞一帯の道路は駐車場に変わる。母親たちが子どもたちを乗せるために車のなかで待機しているからだ。そして、子どもたちは家に帰ってもすぐに寝ることはできない。復習や宿題が終わると寝る時間は夜中3時から4時……、銃声の聞こえない入試という「戦場」で子どもたちは孤独に戦っているの

だ。このような教育熱は高校生だけに限らない。多くの親が幼稚園時代から子どもに私的教育をさせている。英語を基本言語として使う英語幼稚園の費用は1か月150万ウォンもする。また，それ以外にも水泳，ピアノ，テコンドー，バレー，サッカーなどを学ばせる。小学生になると塾に通わせながら英語や数学などのプライベートレッスンを受けさせる。すると子ども1人あたりの私的教育費は1か月200万-300万ウォンもかかっており，それ以上を支出する世帯も少なくない。

世代の収入より子供の教育費に対する支出が多い「エデュプア」が多く発生しているといえる。エデュプアとは，エデュケーションプアの略語で，家計が赤字で負債があるにもかかわらず平均以上の教育費を支出したために，貧困な状態で生活する世帯，いわゆる「教育貧困層」である。韓国の民間シンクタンクである現代経済研究院の推計結果（11年基準）によると，子どもの教育費を支出する世帯（632.6万世帯）のうち，13.0%はエデュプアであるということがわかった。調査から10年以上経った現在はより多くの世帯がエデュプアになっている可能性が高い。

企業による支援も拡大　最近は複利厚生制度として，子育て世帯や非婚世代に対する支援を拡大する企業も増加している。富栄グループは，21年以降生まれた従業員の子どもに対して子ども1人あたり1億ウォンの出産奨励金を支給している。また，ハンミグローバルは23年に従業員が第3子を出産した際に条件なしで昇進させる制度を導入した。さらに，クムホ石油化学は24年から子どもが生まれた場合，第1子500万ウォン，第2子1000万ウォン，第3子1500万ウォン，第4子2000万ウォンを支給すると発表した。

一方，ロッテ百貨店は，22年9月から40歳以上の非婚の従業員からの申請があった場合，結婚祝い金と同様に50万ウォンの給付

金と有給休暇5日を提供している。また，LG U+は，23年から非婚宣言をした満38歳以上の従業員に基本給100％に相当する給付金を支給するとともに，有給休暇（5日）の使用を制度化した。さらに，LUSH Koreaは，独身を宣言した人がペットを飼う場合，ペット手当を支給し，ペットが亡くなった場合は1日の有給休暇が使えるようにしている。

3 最近の主な保育関連支援政策

無償保育の実施　韓国政府は，2013年からすべての所得階層に保育料を支給する無償保育を実施しており，子育て世帯に対する韓国政府の財政的支援は大きく「保育料支援」と「養育手当」に区分することができる。保育料支援は，オリニチプ（韓国語で「子どもの家」という意味。日本の保育所に近い施設）を利用する満0-5歳の児童がいる子育て世帯に支給される仕組みであり，養育手当はオリニチプや幼稚園を利用していない就学前の児童を育てる子育て世帯に支給される助成金である。一方，満0-5歳の子どもをオリニチプや幼稚園に預ける親は所得に関係なく保育料支援を利用できる。

　オリニチプは，国公立オリニチプのように保育教師などに対する人件費を支援している「政府支援施設」と，民間や家庭が運営しているオリニチプのように人件費を支援していない「政府未支援施設」に区分される。政府支援施設の場合は，基本的に人件費を助成しており，たとえば院長や満0-2歳の児童を担当する教師に対しては人件費の80％が，また，満3-5歳の児童を担当する教師に対しては人件費の30％が国から支給される。

　23年1月からの年齢別の保育料支援額（月額）は，「基本保育料」の場合，満0歳が51万4000ウォン，満1歳が45万2000ウォン，満2

歳が37万5000ウォン,満3－5歳が28万ウォンに設定されている。

一方,養育手当の助成金(月額)は,児童が12か月未満の場合は20万ウォンが,12か月以上－24か月未満の場合は15万ウォンが,そして,24か月以上－86か月未満の場合は10万ウォンが支給される。

児童手当や
「親給与」も支給 韓国政府は18年9月に,満6歳未満の子どもに1人あたり月10万ウォンを支給する児童手当を導入した(所得上位10%の世帯は対象から除外)。児童手当の導入は文在寅(ムンジェイン)前大統領の選挙公約のひとつであり,基本所得を普遍的福祉に基づいて保障し,育児に対する経済的負担を減らすことが主な目的である。

同年12月には満6歳未満のすべての子どもに児童手当が支給されるように児童保護法を改正し所得制限を撤廃した。さらに,児童手当の支給対象年齢を19年9月からは満7歳未満に,また,20年4月からは満8歳未満に拡大した(子どもが韓国国籍である場合のみ支給)。さらに,23年から満0－1歳の子どもを養育する世帯に月35万－70万ウォンの「親給与」が支給されている。

4　高齢化が進む韓国社会

出生率の低下の影響もあり高齢化率も早く上昇している。2022年における韓国の高齢者人口は901万8000人で,全人口の17.5%を占めた。同時期の日本の29.0%に比べるとまだ低いものの,高齢化のスピードは速く,2050年には高齢化率が40.1%で日本を上回ることが予想されている。

定年延長に関する
社会的関心 高齢化率が上昇するとともに韓国社会では定年延長に対する社会的関心も高まっている。ただし,韓国では定年を延長したばかりであり,すぐさま定年をさらに延長することはかなり難しいのが現状である。つまり,韓国で

韓国で男性の育児休業取得者数が大きく増加

　近年韓国では男性の育児休業取得者数が大きく増加している。韓国における2002年の男性育児休業取得者数は78人で，全育児休業取得者数（男女合計）に占める割合はわずか2.1％にすぎなかった。しかし，22年には3万7885人が育児休業を取得し，全育児休業取得者に占める割合も28.9％まで上昇した。

　韓国で男性の育児休業取得者が増えた理由として，女性の労働市場参加の増加や育児に対する男性の意識変化などの要因も考えられるが，最も大きな要因としては14年から「パパ育児休業ボーナス制度」が施行された点が挙げられる。

　「パパ育児休業ボーナス制度」は，同じ子どもを対象に2回目に育児休業を取得する親に，最初の3か月間について育児休業給付金として通常賃金の100％が支給される。1回目の育児休業は母親，2回目は父親が取得することが多い（90％）ので，「パパ育児休業ボーナス制度」と呼ばれている。

　さらに「パパ育児休業ボーナス制度」では，最初の3か月間の支給上限額は1か月250万ウォンに設定されており，それは1回目に育児休業を取得する際に支給される育児休業給付金の上限額（1か月150万ウォン）よりも高い。

　このように，育児休業を取得しても高い給与が支払われるので，中小企業で働いている子育て男性労働者を中心にパパ育児休業ボーナス制度を利用して育児休業を取得する人が増加したと考えられる。

　さらに，韓国政府は24年から，育児休業制度の特例として「6＋6親育児休業制度」を施行している。「6＋6親育児休業制度」とは，育児休業を取得する親のなかでも，生まれてから18か月以内の子供を養育するために同時に育児休業を取得した父母に対して，最初の6か月間について育児休業給付金として父母両方に通常賃金の100％を支給する制度である。

　少子化対策の効果はまだ現れていないものの，パパ育児休業ボーナス制度の利用者が増えると，性別役割分担意識が解消され，将来の出生率改善に効果が出るのではないかと期待される。

は13年4月に「雇用上の年齢差別禁止および高齢者雇用促進法改正法」(以下,「高齢者雇用促進法」)が国会で成立したことにより,16年からは従業員数300人以上の事業所や公的機関に,さらに17年からは従業員数300人未満のすべての事業所や国,そして地方自治体に対して60歳定年が義務化されている。日本では1994年に「高年齢者等の雇用の安定等に関する法律」の改正により1998年から60歳定年が義務化されたことに比べると,60歳定年の義務化は約20年も遅れている。

韓国では高齢者雇用促進法が施行される前には定年が法律で定められておらず,50代前半や50代半ばに退職するケースが一般的だった。そこで,会社を辞めた後には,年金を受給するまでの生活費を稼ぐためにチキン屋やベーカリーなど,家族で営む自営業を始める人が多かった。このような影響もあり,韓国における自営業者の割合は2021年時点で23.9%に達している。

| 日本の高齢者雇用政策から学ぶ |

韓国政府が今後高齢者の雇用延長を実施する際には韓国より先に高齢者の雇用延長を実施した日本から学ぶことが多いだろう。何より,日本政府が公的年金制度の支給開始年齢に合わせて定年を調整している点に注目すべきである。韓国における国民年金の支給開始年齢は,12年までは満60歳だったが,13年以降は「5年ごとに1年ずつ」引き上げられている。2033年からは支給開始年齢が65歳になるものの,定年が60歳のままだと収入が減少する期間が発生する。収入が減少する期間の問題を解決するためには順次定年を引き上げて年金の支給開始年齢と一致させる必要がある。

また,すべての企業や個人に一律的に適用される定年制度より,企業や個人の状況に合わせたより多様な定年制度の実施を推進することが重要であることを忘れてはならない。

📖🎬 おすすめ文献・映画

① チョン・ヒョンソク監督，2020，『ソンへの国』(映画)

　　1992年生まれのソンへを通じて，未来への希望すら夢見ることができない大韓民国の若者の厳しい現実に光を当てた映画である。

② バーセス，ソフィー監督，2023，『ポッド・ジェネレーション』(映画)

　　AI（人工知能）が発達した近未来のニューヨークを舞台に，持ち運び可能な卵型の人工子宮の「ポッド」を使った気軽な妊娠を選択したあるカップルを描く。近年加熱するジェンダー問題を軸に，新時代における妊娠，出産，子育てを描写している。

③ 山崎史郎，2021，『人口戦略法案――人口減少を止める方策はあるのか』日本経済新聞出版．

　　介護保険制度の立役者であり，地方創生総括官などを歴任した元官僚である著者が，人口急減の深刻な現状，抜本的解決の途を小説スタイルで説いた新しいタイプの書籍。人口減少問題に関するさまざまな論点やその対策の方向性がよく整理されている。

参考文献

一般財団法人自治体国際化協会，2024，「大韓民国における少子化対策」．
金明中・張芝延，2007，「韓国における少子化の現状とその対策」『海外社会保障研究』(160)：111-129．
金明中，2020，「なぜ韓国の高齢者貧困率は高いのですか？」ニッセイ基礎研究所2020年10月30日（https://www.nli-research.co.jp/report/detail/id=65980?site=nli）．
守泉理恵，2023，「日本・韓国・中国の少子化の現状と少子化対策の進展――国際比較による考察」『厚労科研報告書』(1)：193-213．
OECD Data "Gender wage gap."

〔韓国語〕
韓国・統計庁，2023，「2022社会意識調査結果」．
韓国・統計庁，「経済活動人口調査」．
韓国・行政安全部，「地域別住民登録人口及び世帯の現状」．

【金　明中】

column 8　#MeToo　社会変革を導いた連帯の力

　#MeToo運動「私も告発する，私も被害者だ」は，性暴力の被害者たちが声を上げることで，性暴力が許されない社会へと変革を求める社会運動である。2017年末から世界に広がり，18年1月には韓国でも始まった。韓国の女性検察官がテレビ番組に生出演し，過去に検察の高官からわいせつ行為を受け，不当な人事で不利益を被った事実を告発したことがきっかけとなった。彼女は性暴力の被害者に「決してあなたに非があるのではない」と伝えたいと思い，出演を決意したと述べ，多くの人々に衝撃と感銘を与えた。彼女の証言に勇気づけられた女性たちが自らの経験について次々と告白し，韓国社会に蔓延していたミソジニー（女性に対する嫌悪や偏見）や性暴力の実態が明らかになった。#MeTooで声を上げて性暴力の被害を共有したサバイバーたちと連帯を示すために，「あなたはひとりではない」「私たちはともに連帯する」「あなたを信じる」というメッセージを伝える#WithYouも広がった。

　#MeTooでは親密な関係のなかで経験する性暴力の告白も多かったが，著名人や権力者に対する告発も相次いだ。これにより，加害者が自分の地位を利用して性犯罪を行う「権力型性暴力」に対する認識が高まって，性暴力に対する社会的な認識が大きく変わった。また，性暴力被害者の支援や法的な保護を強化するための法改正も行われた。セクハラや性暴力の相談・届出を受け付けるセンターや相談窓口が設置され，性暴力被害の実態の定期的な調査や政府支援の根拠を盛り込んだ女性暴力防止基本法が制定されたことは重要な成果である。

　しかし，被害者が告発すると，加害者の権力による報復や社会的な誹謗中傷に直面することは依然として多く，性暴力被害者に対するこのような2次被害を防ぐことが最大の課題のひとつとして浮かび上がった。上記の基本法には「2次被害」の定義を定め，さまざまな防止策が取り組まれている。このように韓国の#MeToo運動は，性暴力に対する長い闘いのなかで，連帯と社会変革を象徴するものとなった。

【申　琪榮】

第**8**章

韓国は移民大国になった？
▶単一民族国家の幻想

「雇用許可制」韓国語能力試験対策用教材『韓国語標準教材』
（雇用労働部・韓国産業人力公団）

　韓国政府は，雇用許可制での就労を希望する外国人労働者に，韓国語のテストを課している。政府が作成した受験用の韓国語テキストでは，韓国の礼節をふまえた会話の実践例も教えている。

出典：筆者撮影。

1 韓国社会のなかの外国人

> どこから移動
> してきたのか

本書を手に取られた読者のなかには，K-POPや韓国ドラマが好きな人もいるだろう。K-POPアイドルのグループのなかには，日本や米国，タイなど，多国籍のメンバーもいる。韓国ドラマはどうだろうか。韓国人以外の登場人物として，思い浮かぶ人はいるであろうか。韓国ドラマに外国人が登場することが，意外と少ないことに気づくかもしれない。

2023年末時点の韓国の人口は，5132万人であるが，在留外国人数は約250万人に上る。統計上は，韓国にいる20人に1人は外国人ということになる。外国人は韓国の総人口の4.9％を占めており，日本の2.4％(22年)の倍だ。つまり，韓国は日本以上に外国人の比率が高い国となっている。

これほど多くの外国人は，いったいどの地域・国から韓国に入国しているのだろうか。

22年時点のデータを国籍別にみると，中国からが84.9万人で最も多い(法務部「出入国・外国人政策統計年報」2023年)。中国人といっても，うち7割の62.2万人が，「朝鮮族」とよばれる韓国系中国人である。朝鮮族とは，主に19世紀以降に朝鮮半島から中国の東北部に移り住んだ人々とその子孫から成る中国の少数民族である。朝鮮族は韓国社会最大のマイノリティ集団となっている。

次に多いのは，ベトナム22.5万人(10.5％)で，タイ20.1万人(9.0％)，米国15.6万人(7.0％)，ウズベキスタン7.9万人(3.5％)，ロシア5.6万人(2.5％)と続く。韓国に距離的に最も近い日本は4.6万人(2.0％)で，数の多さとしては12番目となっている。

ただ，上記の数字は，観光客など，滞在日数が90日以内の短期滞在者も含む。外国人労働者など，3か月以上の長期滞在者は約

168万人だが,それでも総人口の3.3%を占めており,存在感は大きい。長期滞在するには何らかの「在留資格(ビザ)」が必要となる。いったいどのような在留資格で,韓国への居住が許可されているのだろうか。

どのような資格で滞在しているのか

外国人が韓国に合法的に入国し,長期間滞在するには,何かしらの在留資格(ビザ)が必要だ。ビザは種類が多く取得要件も複雑である。

まず,「在外同胞(F-4)」がある(表8-1)。これは韓国系外国人のみに与えられるビザである。「在外同胞」とは,外国に長期滞在する韓国国民のほか,外国の永住権や国籍を取得した韓国系住民らを指す。

「在外同胞」は無期限の滞在が可能で,取得要件は,外国籍者のうち,本人または親,祖父母の1人が韓国籍を有していたと証明できる外国籍所持者となっている。「同胞」という血のつながりを理由として,韓国系外国人を優遇するものである。

続いて,「結婚移民(F-6)」である。「結婚移民」とは,韓国人と結婚し,韓国に居住する外国人配偶者を指す。約7割が女性である。韓国で国際結婚が増えたのは2000年以降のことであり,それ以前は少なかった。当初は農漁村部や都市低所得層の結婚難を背景に,中国朝鮮族や中国人女性との国際結婚が多くみられたが,国際結婚仲介業のグローバル化が進むなか,外国人配偶者の国籍はベトナム,フィリピン,カンボジアなど多様化するとともに,国際結婚件数が急増した。

「留学」もある。韓国内の大学や大学付属の語学機関で学ぶ留学生数の拡大も,2010年代に起きた新しい現象である。韓国政府は,外国人留学生の受け入れ拡大に力を入れてきた。韓流による韓国語学習者増加といった追い風を受け,留学生数は,14年の8万人から22年には13.4万人と急伸した。韓国では,留学生の就業(アルバ

表8-1　2022年時点の在留外国人数と資格別現況

在留資格	計	在外同胞(F-4)	雇用許可制 非専門就業(E-9)	雇用許可制 訪問就業(H-2)	結婚移民(F-6)	永住(F-5)	留学(D-2)	その他
人数	2,245,912	502,451	268,413	105,567	169,633	176,107	134,062	889,679
比率	100%	22.4%	12.0%	4.7%	7.6%	6.1%	6.0%	41.2%

出典：韓国・法務部，2023，「出入国・外国人政策統計年報 2022」。

イト）が，週に20-30時間以内という条件付きで許可されている。留学生が人手不足を補填する労働力となっているのは，日本との類似点でもある。

韓国で働く外国人労働者

韓国で労働者として働くには，「就労ビザ」が必要だ。外国人労働者の多くは，非熟練（単純）労働者で，主な就労ビザとして，「非専門就業 (E-9)」がある。これは，04年に導入された「雇用許可制」による滞在資格である。

雇用許可制とは，人手不足が深刻な中小企業が外国人労働者を雇用できるよう，外国人労働者を有期契約の正規労働者として合法的に受け入れる制度である。ブローカーの介入を排し，韓国政府が受け入れ枠の計画から求人，企業とのマッチング，帰国までトータルに管理する仕組みである。韓国政府と協定を結んだ17か国から外国人労働者を受け入れており，最長で9年8か月就業できる。韓国人労働者と競合しないように，就ける業種には制限があるが，主に製造業や建設業，造船業，農畜産業など，人手不足にあえぐ業種で働き，韓国経済を支えてきた。

雇用許可制による在留資格には，もうひとつ別の種類がある。特定の韓国系外国人のみを対象にした「訪問就業 (H-2)」である。「中国朝鮮族」や旧ソ連地域（CIS諸国）の中央アジアに居住する「高麗人（コリョサラム）」と呼ばれる韓国系外国人に，韓国で働くことを正式に許可する制度である。高麗人とは，19世紀後半以降，ロシア極東の沿海州

に移住した朝鮮人の子孫を指す。「訪問就業」は, 滞在期間に制限はあるものの, 就労が許可される業種が多く, 自由に転職もできる。

その他に, 専門的な技術や知識をもつ「高度外国人材」がある。世界各国が, 専門的な技能をもつ高度な外国人材の獲得競争でしのぎを削るなか, 韓国もまた, 経済発展やイノベーションにつながるとして, 高度人材の獲得に力を入れる。短期間の滞在で永住権の取得を可能にするなどの優遇策を講じ, 誘致に励んできたが,「専門人材」で働く外国人は5万人前後で足踏み状態にある。来韓後の定住率も低い。その理由として韓国企業の硬直した組織文化や子どもの教育に関する不安などを挙げる外国人が少なくない。

その他にも, 41万人と推定される「非正規滞在者」が存在する。韓国に滞在する外国人の約2割を占める。不法な滞在とはいえ, 農村部や工業地帯, 製造業やサービス業など, さまざまな場所や業種で働き, 韓国経済を下支えする存在でもある。

移民の4割を占める朝鮮族

韓国の在外同胞庁によれば, 韓国系外国人を含む在外同胞は, 世界190あまりの国に, 約732万人が暮らす。韓国の総人口は約5千万人であるから, この732万人という数は, 総人口の実に15%に相当する。在外同胞が最も多く暮らすのは米国 (263万人) で, いまなお米国への移民が続いているため, 移民1-2世が多いのが特徴である。次いで中国 (235万人), 日本 (81万人), カナダ (23万人), ウズベキスタン (17万人) と続く。

韓国に滞在する在外同胞は22年現在, 約85万人に上る。就労や修学, 結婚など, それぞれ滞在理由は異なるが, 世界に散らばる732万人の在外同胞のうち, 約1割が韓国で生活している。そのほとんどが朝鮮族である。

韓国は, 原則として5年以上の在留で永住権申請資格が生じる。ただし, 永住権や韓国籍の取得には, 厳格な言語要件が課せられて

おり，一定水準以上の韓国語能力が求められる。朝鮮族の多くは，中国東北部にある延辺の自治州に集住し，民族文化や言語の継承に力を入れてきた。そのため，韓国語のコミュニケーションに支障がない人が多い。

　永住権をもつ朝鮮族の数は，2000年代以降，急増しており，朝鮮族は韓国社会最大のマイノリティ集団として，大きな存在感を放つ。朝鮮族は，一般の外国人労働者には就労が許可されていない分野，たとえば，ベビーシッターや病人看護，高齢者の介護，家政婦などの領域でケアワークを担い，長年にわたり韓国人の生活を支えてきた。

2　結婚移民者と国際結婚家庭の子どもの包摂

> なぜ国際結婚
> が増えたのか

2000年以降，韓国社会に大きな変化が起きた。国際結婚が急増したのである。1990年代まで国際結婚は少なかった。2000年時点でも1.2万件だった国際結婚は，05年には4.3万件を超え，年間婚姻件数の13.5%を占める年もあった。20年代以降も年間婚姻数の約1割は国際結婚である。10組に1組は，配偶者が外国人という状況が続いている。

　農村地域の結婚難を契機として，その解決策の一端として，中国，特に朝鮮族女性と韓国男性との結婚が増えるようになったのは，1990年代以降のことである。2000年代になると，国際結婚仲介業者が東南アジアへと拠点を拡大するようになり，国際結婚が一気に拡大する。とりわけ仲介業者が，韓国男性とベトナム女性との結婚斡旋に力をいれるようになったことから，韓国人男性の結婚相手の国籍は，それまでの中国を抜き，ベトナム人女性が最多となった。近年，タイやカンボジアからの結婚移民も増えている。

　国際結婚の急増を受け，韓国政府は「韓国は急速に多人種・多文

化社会へと移行している」として，06年に韓国社会を多文化・多民族社会へと転換すると宣言した。同年に「在韓外国人処遇基本法」，08年には「多文化家族支援法」などの関連法が矢継ぎ早に制定された。結婚移民者の韓国社会への定住を支援する機関として，「多文化家族支援センター」を全国に設置した。同センター数は，23年時点で約230か所に上る。

> **結婚移民者を
> どう支援するのか**

多文化家族支援センターでは，韓国語教育をはじめ，各種の相談業務，生活情報の提供，カウンセリングなどのほか，韓国の伝統，慣習，家庭料理，韓国史や社会保障，教育システムなどを学ぶ座学も提供する。とりわけ韓国語教育は充実しており，初級から通訳者養成クラスまでほぼ無料で受講できる。就業を支援するための職業訓練も行われている。

結婚移民者への包括的な支援策は，少子化対策の一環として進められてきた。少子化の最大要因は非婚化であることから，韓国人と結婚して家族を形成し，子ども産み育て，ケアワークを担ってくれる結婚移民者は，ありがたい存在とみなされた。韓国民の再生産やケアを担う結婚移民者への定着支援策は厚みを増すのは必然だったのである。

結婚移民者の居住年数が長くなるにしたがい，経済的に自立できるよう，各種の資格取得講座や職業訓練，起業支援などの就労サポートにも力が入れられるようになった。また，少子化対策の一環として，産まれた子どもの成長に合わせて，産後のケアサービスやカウンセリング，ベビーシッターの派遣，保育所の優先的入所，親対象の入学前講座，学用品補助などの新たな支援策が加わっていった。

> **構造的な問題
> は未解決**

ただ，多文化家族支援センターで実施される「韓国文化理解講座」などの各種の「教育プログラム」の内容には，同化主義的な要素が強いものもある。年長者

への礼儀作法，年中行事や祭祀などの伝統行事の理解教育，還暦や喜寿の祝膳の整え方といった教育がその典型である。結婚移民者に特化して作成された韓国語テキストの内容にも，家父長的な家族観や規範意識，「嫁」としての役割などを説くような表現がみられる。保守的なジェンダー規範への同調圧力を感じ，息苦しさを感じる人もいるだろう。

　ベトナムから来た多くの移民女性は，社会に出て働くことを当然と考えており，専業主婦になることを強いられると極度のストレスを感じるという。

　韓国の若い女性たちが拒否感を示すような性別役割分担意識や不平等な家族関係を，結婚移民者に押し付けることへの批判がないわけではない。韓国のジェンダー規範と自国の価値観のギャップに苦しむ結婚移民女性の問題からは目を背けたまま，国際結婚家庭が破綻しないよう，各種の支援メニューを広げられていった。この間，トップダウン式に進められてきた結婚移民女性への定住支援策に対しては，韓国人のひとり親家庭への支援よりも手厚いのはおかしいのではないか，といった批判も提起されている。

　時事イン・韓国リサーチが23年に行った調査では，31.7％が，少子化対策や人口政策として，「国際結婚を奨励しなければならない」と答えた。地方都市や農村部では，結婚難を背景に，これまで国際結婚による結婚移民者を多く受け入れてきた。しかし，そもそも地方の結婚難は，若い韓国女性の流出に端を発している。地方から若い女性が減ると社会減になるだけではなく，出産をする人が減ることで自然減も進む。地方，とりわけ農村部では，結婚相手となるような若い女性が都市部へ流出していくことにより，地域に残った男性が結婚難に陥ったという現実がある。

　そもそもなぜ地方で生まれ育った若い女性が都市部へ流出し，そのまま戻らないのか，その理由を考える必要がある。構造的な問題

Tea Break 8

結婚をめぐるジェンダー差

　急速に非婚化が進む韓国。30代前半の非婚率は56.3％で，30代後半でも30.7％に上る（2020年）。結婚しない理由を訊いた調査では，男性は「経済的に厳しい」（42.6％），「相手の結婚条件に合わせられない」（40.8％），女性は「ひとり暮らしの方が気楽」（46.3％），「他人に合わせる暮らしをしたくない」（34.9％），「家父長制とジェンダー不平等への拒否感」（34.4％）と続く（韓半島未来人口研究院，2023年）。男女で理由は大きく異なるが，結婚への経済的・心理的ハードルが高いことがわかる。

　女性の場合，保守的な家族観やジェンダー規範が結婚のイメージをネガティブなものにしている。「未婚」ではなく，主体的な「非婚」であると若い女性たちが口にする理由もそこにある。

　「日韓の20-40代の結婚および家族価値観調査」（韓国女性政策研究院，2019年）でも，韓国女性の64％が「結婚に負担を感じる」，77.2％が「子どもがいると就業やキャリアに制約を受ける」と回答している。同じ質問に対して日本女性の回答は，それぞれ32.3％，35.6％と，韓国より低かった。「ワンオペ育児」という日韓の共通項はあっても，韓国では結婚に対する懐疑，そして子どもを持つことによる賃金や就業への影響を不安視する度合いが，日本よりも格段に高いことがわかる。

　近年，韓国では，夫婦の出生率も低下している。有配偶出生率は，2012年の1.65から20年には1.3にまで落ち込んだ。結婚を促すことが少子化対策になるとは，一概にはいえないのだ。

　韓国社会にはジェンダー格差，ケアワークの不平等な負担，個人の生活の質や家族生活の幸福度よりも，経済的効率や労働優先といった価値観が染み込んでいる旧来の価値観を変えていくことがまず先であろう。日本にも共通する問題である。

に目を背けたまま，結婚移民者に不平等なジェンダー役割を押しつけようとしても，問題は何も解決しない。そもそも女性や若者が生きにくい社会に，外国人やその家族なら喜んで住み続けると考えるのは早計だろう。

> **少子化対策と韓国人増加プロジェクト**

21年に生まれた出生児の5.5%が、両親のうちどちらかが外国人だった。

かつての韓国は「民族純血主義」が強く、韓国人と外国人との間に生まれた子は、有形無形の差別を受けてきた。少子化と同時進行で国際結婚が増加したことにより、韓国社会でそれまであまり身近でなかったハーフ（ダブル）の子どもの存在が可視化されるようになった。

国際結婚家庭の子どもたち対しても、韓国政府はさまざまな支援策を講じてきた。誕生から成人にいたるまで、数々の支援策がラインナップされている。

一方、韓国人と再婚した親と一緒に訪韓した子ども（連れ子）や、両親ともに外国人家庭の子どもには、こうしたきめ細かな支援はおろか、韓国語教育も十分には行き届いていない。

国籍やビザの種類を問わず、どんな子であっても等しく教育を受けられるよう、教育機会が提供されなければならないが、社会への包摂は極めて選別的なものとなっている。子どもの人権、教育を受ける権利保障、ともに社会を構成する一員として個々の多様性を受け入れ統合するという理念よりも、いかに「韓国人」を増やし包摂するかに関心が向いているからであろう。

3 韓国人とはいったい誰なのか

> **条件と境界性**

国籍による線引きは、どの国の施策でもみられる。だが、韓国の国際結婚家庭の子どもへの関心には、生活・学習支援を超えた、並々ならぬ意気込みが感じられる。

韓国はこれまで、非婚の母から生まれた子どもや孤児、障がいをもった子どもを海外の里親のもとに養子として送り出してきた。保

健福祉部によると，1958年から2022年までの間に，約16万人の子どもが国際養子縁組の形で，海を渡っていったという。その多くは米国や欧州の家庭に引き取られ，養父母に育てられた子どもが成長後，生みの親を探しに韓国にやって来るストーリーは，映画やドラマに頻繁に登場する。自分は何者なのか，アイデンティティをめぐる葛藤を抱える海外養子も多い。なかには，生みの親と再会し，韓国籍を取得して韓国で暮らす人もいる。

韓国政府は12年に「入養特例法」を改正し，海外ではなく，まず韓国国内で里親を探し養子縁組を進めるよう定めた。国際社会から「子どもの輸出国」と批判された汚名をそそぐとともに，韓国人の国外流出を防ぐことで，人口減少を少しでも食い止めることが目的とされる。ただ，国際養子縁組そのものはなくなったわけではない。

韓国人の血を引く子どもの「流出」を防ごうとする一方で，同じ民族の血を引く朝鮮族や高麗人の子どもへの生活支援や学習機会の提供は，国際結婚家庭の子どもが享受するサービスとは比べものにならないほど少ない。

国際結婚家庭の子どもに特化した支援の厚さと関心の度合いの差は，同じ民族という血のつながりよりも，国家に有益な人材となりうるか否かという視点から生じているように思われる。移民の受け入れとは，こうした弱者である子どもを含め，どのようにホスト国への定着を支援し，教育を受ける権利や人権を保障するかまで，トータルに考えていくことが必要である。

誰が国民なのか

同じ国民とみなされるための条件とは，いったい何なのか。国際比較調査グループISSPの調査「国への帰属意識」(13年実施) では，国民であるための条件として，祖先，国籍，言語など，どのようなことが重要かと問う項目がある。韓国の調査では，韓国の国民の条件として，「韓国籍であること (90%)」が最も重視されていた。次いで，「言語 (韓国語) が話

せること (87%)」「祖先が韓国人であったこと (71%)」と続く。血のつながり (父母や祖先が韓国人であること) は，国籍や韓国語能力ほどは，重視されていなかった。

国籍付与に関し韓国は日本同様，「出生地主義」ではなく，「血統主義 (血のつながり)」に基づく国籍制度をとる。

韓国は長らく日本と同様には，複数の国籍を認めない「国籍唯一の原則」を採ってきた。ところが11年に国籍政策を大転換し，条件付きで重国籍 (複数国籍) を認める改正国籍法が施行された。対象者は，外国で出生した「先天的」重国籍者，科学技術などの分野における優秀な人材，韓国籍を取得した結婚移民者，韓国に永住帰国し韓国籍を回復した65歳以上の韓国系外国人，そして，海外の里親に引き取られて韓国籍を失った養子たちなどである。

韓国内で外国籍を行使しないと誓約すれば，韓国籍とその他の外国籍を維持できる。韓国人の数を少しでも増やしたいという意図もあるが，重国籍を認めてほしいと強く求めてきた在外同胞への配慮という側面もある。韓国系の移民1世のなかには，老後は故国でもあり，医療水準が高く医療保険制度も整った韓国で送りたいという人が一定層いる。

国民の条件としての韓国語　先の調査結果から，韓国人は国民の条件として，「祖先 (血のつながり)」よりも言語 (韓国語) 能力を重視していることがわかる。帰化申請に厳格な語学要件を設けていることからも，その点は明らかである。帰化申請には，政府が無償で提供する「社会統合プログラム」で定められた韓国語教育の履修か韓国語能力の証明，韓国籍取得のための「総合評価試験」の合格などが求められている。特定水準以上の韓国語ができなければ永住権を得ることも韓国籍を取得することも難しい。

その分，韓国では，さまざまな外国人関連施策のなかでも，とりわけ言語 (韓国語) 教育に注力してきた。雇用許可制で入国した外国

人労働者，結婚移民者，そのほかの外国人居住者と対象者を明確に区分した韓国語教育に，政府レベルで取り組んできた。それぞれの属性に即した韓国語教材の作成や教育プログラムの開発は，国家の専門機関が担っている。

とりわけ結婚移民者への無償の韓国語教育は手厚く，初級から通訳コースまで開講されている。結婚移民者を専門通訳者として養成し，専門相談員やバイリンガル講師，医療通訳や税金滞納者への督促業務など，官民にまたがる分野で活用している。

外国人労働者が多く働く事業所には，韓国語教員を派遣し，定期的に韓国語教室を開講する事業も行われている。こうしたことが可能なのは，国家資格を持つ韓国語教師の豊富なプールがあるからだ。

また，移民のための「社会統合プログラム」は，全国に設置された341の運営機関で実施されている。515時間に及ぶ韓国語教育や文化理解講座が，現状では教材費などを除き，ほぼ無料で提供されている(23年時点)。基礎から中級までの5段階におよぶ最長415時間の韓国語コース，および100時間の「社会・文化理解講座」から成る学習プログラムである。いずれの機関でも，韓国語教授法を学んだ有資格の韓国語教員が教授する。

「社会統合プログラム」は，韓国で留学，または就労中の日本人でも受講できるプログラムでもある。こうした体系的な韓国語教育が受けられるシステムが全国に構築されてきたことは，韓国の強みともいえる。

4　さらなる移民受け入れへの政策転換

新たな移民の獲得　1990年代から韓国に還流し，韓国内の人手不足を緩和し，韓国経済を支えてきた朝鮮族も，高齢化が進んだ。中国は経済成長を遂げており，出稼ぎ目的で韓国

に来る朝鮮族は減少している。韓国は，これまで朝鮮族が主に担ってきた低賃金のサービス分野の労働者不足を，この先どう埋めていくかという問題に直面するようになった。とりわけ朝鮮族は，育児支援や高齢者介護，看護などのケアワークを一手に担ってきただけに，労働供給不足が深刻さを増す。これまでのような「朝鮮族頼み」は限界に達している。

　そんななか，韓国政府は急ピッチで外国人労働者の受け入れを拡大している。たとえば，「雇用許可制」による外国人労働者の受け入れ枠は，2022年まで年間5-6万人だったが，尹錫悦（ユンソンニョル）政権下の24年には前年比4割増の16.5万人へと大幅に広げた。

　さらに，荷役や飲食業，宿泊業などに対象業種を拡大し，中堅企業にも外国人労働者の雇用を許可するなど，業種や事業所人数ごとの総量規制を大きく緩和した。労働界は国内の労働市場に及ぼす影響を十分に考慮していないと反発しており，数ありきでトップダウン式に進められている危うさがある。

　18年に新設した「熟練技能人材ビザ」の発給上限数もまた，大きく引き上げられた。熟練技能人材制度とは，無期限の就労を認め，永住にも道を開くものである。家族の呼び寄せも可能で，同居を前提にその家族にも就業が許可される。いわば，家族ごと移民として受け入れ，良き働き手，良き住民として定着してもらおうというものである。

　22年には年間2000人に抑えられていた発給上限数が，24年になると一気に3.5万人に拡大された。今後はさらに発給数を増やしていくことで，長期就業型の雇用へと転換を図っていくという。制度設計としては，選別的な移民受け入れ策といえる。

　このままの受け入れペースが10年も続けば，35万人以上の熟練労働者が韓国に定住することになると予測されており，その家族まで含めれば100万人近くなる可能性もある。

地方消滅の危機？

尹錫悦政権は、「移民受け入れはもはや選択肢ではなく、国家存続のために必至だ」というスタンスをとる。超少子化に伴う人口減少に向き合うための移民政策へと舵を切った契機となったのは、23年2月に韓国政府がまとめた「消滅危険地域」の調査結果であった。全国228の自治体のうち、51・8％に当たる118の地域が消滅の危機にあるという内容で、社会に衝撃を与えた。地方自治体の半分がなくなりかねないという「地方消滅」のインパクトは大きかった。

韓国は、22年末時点で、ソウル、京畿道、仁川の首都圏に総人口の半分（50.7％）が集中する。地方からソウル首都圏へと若者の流出が続いているため、少子高齢化による人口減少への危機感は地方都市ほど強く、またその影響も深刻である。尹錫悦大統領は「移民で不足する労働力を補填し、地域消滅問題を解決する」と述べ、新たな人口政策として移民の受け入れを掲げた。

新たに創設されたのが、人口減少地域限定の「地域特化型ビザ」である。このビザの発給対象は、主に地方大学の留学生を想定し、韓国語能力、学士以上の学歴、地方自治体の首長による推薦が取得要件となる。このビザは、熟練外国人労働者も取得可能だが、韓国語能力のハードルを高く設定しており、現時点での主なターゲットは外国人留学生となっている。

22年時点で韓国の大学に在籍する外国人留学生は16.6万人で、過去最多だった。留学生のうち、約4割は地方大学に通う。卒業後は韓国で働きたいと希望する留学生も少なくないが、就職率は16％に留まる。日本における留学生の就職率は52.5％（23年7月時点）で、日本と比べると格段に低い。

労働力なのか、生活者なのか

地域特化型ビザは、政府が指定した人口減少地域に5年以上居住・就業することが条件として課される。滞在期間が5年を過ぎれば、永住権の申請資格が

得られる。就ける業種は決められているが，同じ業種であれば転職も許可される。2年を過ぎれば家族の呼び寄せも可能で，配偶者にも就業ビザが下りる。

地方消滅問題に積極的に対応するために，既に国内に居住し，ある程度の韓国語能力をもつ外国人を，人口減少地域へと誘導し，定着を促進するというものである。地方大学の定員割れを留学生で埋め，卒業後は地域特化型ビザと連携することで地方につなぎ留め，労働力として活用する政策アイデアである。

さらに，福祉関連学科を卒業した留学生が，農漁村地域の高齢者介護施設などで介護福祉士や療養保護士として5年以上就業すれば，永住権を付与する制度も走り出した。低賃金や劣悪な労働条件にあるケアワーカーの処遇改善が先だとして国民の反発が大きい一方，介護人材は慢性的に不足しており目先の労働力確保に関心が集中している。

ただ，いずれの制度も企業や地域間の移動を厳しく制限しており，運用面に不安がある。生産性の低い企業が低賃金の外国人で人手不足を補う構図は，生産性の向上に逆行するだけでなく，労働環境の改善が遠のく恐れもある。5年という縛りが解ければ，その地域に定住することなく，より働きやすく暮らしやすい地域へ流出する可能性は大いにある。教育や住宅といった生活支援体制，社会保障など，地域で安心して暮らせる環境を整えることが重要である。

移民とは，単なる労働力ではなく，生活者であり共に暮らす市民なのである。

代案はあるのか

政府は永住の道を幅広く開き，移民につながる制度改革を急ピッチで推進している。現段階では，特定地域の人口減少を，外国人とその家族で補おうとする「補充移民政策」に，力点が置かれている。地域に必要な人材を地方自治体が主導的で選定し，首長にビザ発給の権限を与える「広域

ビザ」の導入も議論されている。

　ただ,トップダウン式に移民政策を進めても,受け入れる側の意識は,すぐに変わるわけではない。永らく「単一民族」を意識が強かった韓国ではなおさらのことだ。

　法務部が実施した「2021年外国人・移民政策に対する国民意識調査」によれば,「移民者を韓国社会の一員として受け入れること」について66.4%が賛成した一方,「韓国人と同等の権利を付与すること」に対しては,賛成 (33.3%) よりも反対 (52.3%) が多かった。

　外国人を社会の対等な構成員として受け入れていくことができるのか。移民を受け入れる社会の側が,どう意識を変えていけるかが問われている。

　超少子化と高齢化の進行,人口構造や将来推計を踏まえれば,持続可能な社会発展のためには移民を受け入れるしか選択肢がない,もし反対するならそれに代わる代案は何か,という問いかけは,日本の社会にも当てはまる。

　韓国に関しては,政策的な方向性とともに,今後,移民受け入れへの社会の意識がどのように変化するのか,類似の課題を抱える日本としても気になるところであろう。

📖🎬 おすすめ文献・映画

①キム・テギュン監督,2008,『クロッシング』(映画).
　　紙幅の都合で触れられなかった脱北者について深く考えさせられる。北朝鮮の地方都市でつつましく生きてきた家族が愛する人と引き裂かれていく悲哀に,涙が止まらなくなる。

②チョン・スチャン (斎藤真理子訳),2018,『羞恥』みすず書房.
　　東南アジアからの移民が集住する地域で暮らす脱北者を主人公に,彼の苦悩と身悶えから,脱北者を受け入れながらも排除する韓国社会について考えさせられる小説。

③最相葉月,2015,『ナグネ——中国朝鮮族の友と日本』岩波新書.
　　植民地支配,朝鮮戦争で分断され,移動するナグネ (旅人) となった朝鮮族

の歴史を辿るノンフィクション。

参考文献

キム・ジヘ (尹怡景訳), 2022, 『差別はたいてい悪意のない人がする――見えない排除に気づくための10章』大月書店.

金賢美, 2014, 「社会的再生産の危機と韓国家族の多層化」平田由紀江・小島優生編『韓国家族――グローバル化と「伝統文化」のせめぎあいの中で』亜紀書房, 8-31.

春木育美・吉田美智子, 2022, 『移民大国化する韓国――労働, 家族, ジェンダーの視点から』明石書店.

春木育美, 2024, 「下がり続ける出生率 移民大国化に舵を切った韓国」『中央公論』2024年4月号:74-81.

春木育美, 2020, 『韓国社会の現在――超少子化, 貧困・孤立化, デジタル化』中公新書.

深川博史・水野敦子編, 2022, 『日韓における外国人労働者の受入れ――制度改革と農業分野の対応』九州大学出版会.

ISSP, 2013, "International Social Survey Programme, National Identity III."

Liu-Farrer, Gracia, 2020, *Immigrant Japan: Mobility and Belonging in an Ethno-Nationalist Society*, Cornell University Press.

〔韓国語〕

時事イン, 2023, 「国際結婚? 移民? 低出生の解法は保育と職」(https://www.sisain.co.kr/news/articleView.html?idxno=49840).

【青木育美】

column 9 　社会問題をエンタメに昇華した『イカゲーム』

　2021年に動画配信サービスNetflixで配信された韓国ドラマ『イカゲーム』は，巨額の賞金をかけたサバイバルゲームを描いた作品である。経済的に困窮する人たちが命がけでゲームに参戦する。社会問題をエンタメ作品として昇華し，世界を席巻したという点では，20年に米アカデミー賞四冠を果たしたポン・ジュノ監督の映画『パラサイト 半地下の家族』(19年)とも共通している。

　『イカゲーム』のファン・ドンヒョク監督は，『トガニ 幼き瞳の告発』(11年)の監督として知られるが，これは実際にあった福祉施設での性的虐待事件を題材にし，映画のヒットが後押しとなって性的虐待を厳罰化する「トガニ法」が制定されたことでも注目された。社会派の一面をもつ監督である一方，『イカゲーム』は全世界に通じる作品を目指してわかりやすさを重視し，単純な子どもの遊びを取り入れた点も成功のカギとなった。

　主人公ギフン(イ・ジョンジェ)は高卒で，リストラによって職場を追われ，チキン店などを営むが失敗し，借金を抱えている。韓国の中年のよくあるケースだ。他の参加者も，幼い弟とともに北朝鮮から逃れてきた脱北者や，妻子を養う外国人労働者などで，弱みにつけこまれて騙されたり給料を払ってもらえなかったり。貧困に追いやったのは韓国社会の問題でもあり，視聴者としては応援したい気持ちになる。

　最後の勝者以外は全員死ぬという点で本物の「サバイバル」だったが，それを安全なところから観戦する金持ちの存在が残酷の極みだった。観戦者が韓国人でなく外国人というのが，グローバルな格差をみている気がした。

　『イカゲーム』の成功によって儲かったのは韓国の制作陣よりも米国のNeflixだったことは皮肉に感じられたが，『パラサイト』に続く『イカゲーム』の大ヒットは，韓国コンテンツの世界的影響力を確固たるものにした。

【成川　彩】

第9章

ドラマから何がみえる？
▶韓国社会におけるジェンダーとその表象

『愛の不時着』展の様子

　2021年1月8日から2月27日まで『愛の不時着』展が開催された。各コーナーでは未公開カット250点を含む450点超えの写真パネルや字幕付きメイキング映像，実際に使われた衣装や小道具などが展示された。

出典：『民団新聞』2021年1月16日。

1　ドラマで注目された韓国社会の今

日本で注目された韓国ドラマ　2020年，日本では『愛の不時着』(tvN, 19-20年，全16話) を筆頭に韓国ドラマの(再)ブームが起こり，第4次韓流とも呼ばれた。振り返ってみれば，日本における第1次韓流もその始まりはドラマだった。だが，03年にNHK-BS2で放送された『冬のソナタ』(KBS, 02年，全20話)の頃と比べ，日本における韓流の広く深い浸透を経て，『愛の不時着』受容は大きく変化していた。『冬のソナタ』はノスタルジーとともに語られ，韓国社会にかつての日本の姿(もちろんこれもイメージにすぎない)を投影し，「時差」が読み込まれた。他方，第4次韓流では日韓の同時代性が強調された。特に，『愛の不時着』が話題を呼んだ際，旧来のジェンダー規範を脱する表現に共感した視聴者は少なくない。ドラマは日本における韓国イメージをさまざまに作り上げてきたが，本章が注目するのは，このドラマにおけるジェンダーの描き方である。

道半ばのジェンダー平等　そもそも韓国社会ではどれくらいジェンダー平等が進んでいるのか。韓国では，1995年に女性発展基本法(2014年に両性平等基本法に改正)，2000年の政党法改正から導入された女性議員のクオーター制，05年の戸主制違憲決定など，ジェンダー平等が目指されてきた。しかし，世界経済フォーラムが発表するジェンダーギャップ指数をみると，23年の総合ランキングは韓国が146か国中105位で下位にとどまっている(日本は125位)。非正規雇用者に占める女性の割合は男性より高く，同一労働下での賃金格差もみられる。企業における管理職，国会議員や閣僚に占める女性の割合は20%未満である。

また女性家族部が21年に行ったジェンダー平等実態調査では，

「家計は主に男性が責任を持つべき」とする人は3割弱だが,「男性は女性を保護すべき」は6割を超え,「つらく危険な仕事は男性がするほうが良い」も6割弱が, そう思うまたは非常にそう思うと答えている。こうした旧来の男性性へのこだわりは, 男性回答者により強くみられる。また, こだわりは成人(19歳以上)により強く, 青少年(15-18歳)のデータにはこうした意識の希薄化が見受けられ, 両性間だけでなく世代間の意識差も大きい。ジェンダーギャップ指数や各種調査からみると, 韓国社会のジェンダー平等は, まだまだ達成には程遠い状態にあることがわかる。しかし, こうした現状に対する異議申し立てがないわけではない。

フェミニズムリブートと主張する女性

韓国では, 2010年代半ばから, オンライン空間でのフェミニズムの大衆化が進んだ。韓国版2ちゃんねる, 日刊ベスト貯蔵所(イルベ)のミソジニー(女性嫌悪)に対抗して, 15年に誕生したメガリアは, 女性差別を反転させるミラーリング(性差別発言に対して男女を逆転させて投げ返すこと)によって注目を集めた。こうしたポピュラー文化やメディアと結びついた新しいフェミニズムの潮流は,「フェミニズムリブート」と呼ばれている。16年にソウルの江南(カンナム)駅付近で起きた女性殺人事件が無差別な女性への憎悪に基づくものであったことや, 18年の女性検察官によるセクシャルハラスメント被害の告発に始まる#MeToo運動の盛り上がり, N番部屋, 博士部屋事件と呼ばれる大規模なデジタル性犯罪事件の可視化は, 広く一般の人々にもジェンダーをめぐる問題を意識させ, 女性差別や暴力の撤廃を求める大規模なデモや運動につながった。

リブートされたフェミニズムは主に女性への抑圧を訴えそれに抵抗するものなのだが, その際「生物学的女性」を単一のカテゴリーとして強調してしまうと, それは時に, 抵抗の対象として「男性」を一面化し,「生物学的」に性別が異なるトランスジェンダーや,

男性同性愛者の排除を導く可能性をもってしまう。そのため，軍隊における男性性の問い直しや性的マイノリティの権利など，さまざまな運動といかに接続し連帯していくのかが問われ，模索されてもいる。

| ドラマから
みえるのは何か | ここまでみてきたように，韓国社会の現状は，ドラマに描かれたジェンダーとはズレがある。では，ドラマを題材にジェンダーを取り上げる意味はどこにあるのだろうか。

あらためてジェンダーとは何かを確認しておこう。ジェンダーは社会的文化的に構築された性差と定義される。これまでジェンダーは，生物学的な性差（セックス）とは別の概念だと理解されてきた。しかし近年，生物学的な性差もまた，さまざまな実践を通じて構築されるジェンダーの範疇にあると考えられるようになった。この考え方にしたがえば，「男女」のカテゴリーそれ自体が，言説的・社会的実践によって作り出されているということになる。

ドラマもジェンダーを構築する言説のひとつである。だが，ドラマそれ自体も社会的な文脈において生み出されるし，視聴者は受動的に意味を受け取るだけでなく意味の生産を行い，再びジェンダーを含む社会的現実の構築にかかわっている。ドラマは社会的なコミュニケーションの結節点にあるといえるだろう。だからこそ，私たちはドラマを通じて現在の韓国社会における「議論の過程」に立ち会うことができる。社会と人々がいままさに作りだそうとしているジェンダーのあり方，現在ある問題のとらえ方を，私たちはドラマから覗きみることができるだろう。

2 ドラマ制作現場はどう変化したのか

| 地上波テレビ
の時代 | さて，ドラマに描かれたジェンダーの具体例をみていく前に，ドラマ制作現場の変遷を確

認しておきたい。すこし回り道になるが，テレビドラマのメッセージを制約したり方向づけたりするのが，制作現場の力学だからである。

韓国におけるテレビドラマの歴史は1956年に最初のテレビ放送局HLKZ-TVで放送された『天国の門』（『黄金の門』との説もある）に始まる。ドラマ初期の作品は，舞台上で演じられる演劇を中継する形式で放送されていた。その後，録画機を用いたドラマ制作が可能になり，64年にはTBC-TVに連続ドラマ枠が誕生，家族，歴史などドラマジャンルが拡大していく。軍事政権下で，テレビ局の再編成や放送内容の規制が行われたが，テレビ受像機の普及，カラー化を経てドラマ制作は拡大した。

87年の民主化宣言後，91年にSBS（ソウル放送）が開局する。同年，番組制作主体の多様化や独立制作会社の育成などを目的とし，地上波テレビ局は自社制作番組だけではなく外注制作の番組を一定比率で放送することを義務づけられ，放送会社がプログラムを直接制作するだけでなく，外部の制作会社が，放送会社に納品する方式でのドラマも制作されるようになった。とはいえ基本的に外部の制作会社は下請けで，地上波放送局の優越的な地位が確保されていた。

この時期，『嫉妬』（MBC，92年，全16話）に代表される，当時の流行を物語に取り入れ葛藤や愛情問題を感覚的に演出した「トレンディドラマ」が放送され始める。これらは日本のトレンディドラマの盗作と批判されることもあるが，日本とのドラマ放送回数の違いや韓国の視聴者の嗜好に合わせたローカライズが試みられており，ジャンルの混交のなか生まれたドラマとみるべきだとされる。「トレンディドラマ」制作を通じて，長編の連続ドラマではない，韓国式16話構成のミニシリーズフォーマット確立のための試行錯誤が重ねられもした。

> **多チャンネル化と韓流がもたらしたもの**

2000年代に入ると,地上波TVデジタル化,衛生放送やIPTVの開始,専門ケーブルチャンネルをもつ総合有線放送が開始され多チャンネル化が進んだ。なかでも,CJグループの系列会社で,総合コンテンツ企業CJ ENMの運営するtvN (06年開局) などのケーブルチャンネルや,11年に開局する総合編成チャンネル (以下,総編) がドラマ制作の変節点となる。放送局の優位を担保してきた編成権が,地上波テレビ局にのみ与えられた特権ではなくなったからである。総編は09年に成立したメディア改正法を受けて開局したチャンネル群だが,ケーブルなどの専門チャンネルとは異なり,報道,ドラマ,バラエティなど地上波同様の番組編成を行うことができる。総編のひとつJTBC (中央日報系列) は,開局後人気ドラマを次々に放送していった。年間のドラマの制作本数が飛躍的に伸び,地上波テレビ局の力が相対的に弱まるなか,重要な役割を果たすようになるのがドラマ制作会社であり,集団創作という制作スタイルである。

韓流はドラマの海外版権市場を持続的に拡大させ,制作費の上昇や放送局内部人材の流出,スターの影響力増加などを引き起こした。各放送局はこれに対応するため,自社制作よりも固定費負担が少ない独立制作会社によるドラマ制作比率を高める。結果,独立制作会社が急成長し,独立制作会社はドラマを制作して納品するのではなく,知的財産権を保有したままその活用を取り仕切るドラマ専門スタジオへと変わっていく。

ドラマの脚本執筆方法にも新たな動きがあった。ケーブル放送局はスター作家中心の地上波と差別化を図る過程で,バラエティ番組制作の方法を取り入れた,ドラマシナリオの集団創作を推し進めた。従来はプロデューサーとひとりの中心作家で脚本制作が進められてきたが,有名作家の代わりに,企画力のある新人作家と,筆力に信頼のある作家をチーム編成した集団創作体制を整えることで,

より効率的で安定的なドラマ制作を追求していくことになったのである。

> OTTは視聴者と番組構成を変える

19年にNetflixが韓国ドラマオリジナルシリーズ『キングダム シーズン1』(Netflix, 19年, 全6話)を放送したことをきっかけに, オンライン動画サービス(以下, OTT)が注目を集めるようになった。その後, CJ ENMとJTBCが共同で設立したTVINGを始め, 通信会社, インターネットプロバイダなどの大手会社が設立した韓国独自のサービスも登場し, 広く普及する。

地上波や影響力の大きいケーブルチャンネルが公共性や道徳性を強く問われるのに対して, 視聴者が主体的に番組を選ぶOTTは選択の多様性を確保し, 表現の自律性を担保するような作品作りを進めることができた。OTTコンテンツでは, 放送法の規定に縛られる地上波では不可能であった暴力表現や性表現, 価値観に基づく作品作りが可能になったのである。ジャンルの混交も進み, ロマンスドラマにも, SFやファンタジー, ミステリやサスペンス要素が取り入れられるようになった。さらに, 「いっき見」や過去番組と最新の番組が混在する番組公開方法, 倍速視聴, 番組を選ぶ能動的なユーザーの登場は, ドラマのスタイルを大きく変化させた。

OTTでの公開を見越したドラマ制作の場合, 週単位の番組編成枠組みにとらわれる必要がなく, クリエイター主体で物語の長さが決定できる。全話が一度に公開される場合, 翌週まで視聴者の関心を持続させるために挿入されていた, 1話ごとの物語の起伏も必要なくなり, 物語の構成自体が変化した。さらに, シーズン制を見越せば, 全16話で完結する必要がないため, ストーリーの拡張が容易な世界観設定が好まれるようになる。こうした傾向は, ひとりの作家が作品の全体像を一気に創作するより, プロデューサーが企画をまとめ, 細かなエピソードを積み重ねていく集団創作に適してい

Tea Break 9

ドラマの新しいかたち：ウェブド

みなさんは韓国ドラマを「何で」視聴しているだろう。韓国のZ世代(10-20代)はモバイルデバイスを選択する。TV放送されているコンテンツさえも，スマホでみるという。こうした若者をターゲットにしたウェブドラマ，웹드(ウェブド)が注目を集めている。

広義のウェブドラマには，①VOD，テレビで放送されたコンテンツのインターネットを通じた再視聴のための映像またはその映像クリップ，②NetflixなどのOTTサービスを通じて配信されるドラマ，③ウェブ上に公開されることを目的として制作された10分程度の短いドラマが含まれる。主にウェブドと呼ばれるのは③だ。

ウェブドは，映像配信を可能にするYouTubeなどのプラットフォームの普及とともに，2010年代半ばごろから物語コンテンツとして拡散されるようになった。今ではウェブドラマ専門制作会社だけでなく，地上波放送局やドラマ制作スタジオの参入もみられ，テレビ用に再編成されたり，広報媒体として利用されたりもしている。

OTTサービスの浸透が1話単位からシーズン単位へ，といったドラマ構成に変化をもたらしたように，ウェブドは，断片的なエピソードを重ねる視聴負担の低さを特徴とし，韓国ドラマに新しい物語様式をもたらそうとしている。Z世代はSNSを駆使しながら友人達とこれを共同視聴し，拡散し，コミュニケーションツールとして利用することでドラマ世界を拡張し，新しいドラマの楽しみ方を生み出している。

る。その一方で，韓国ドラマがこれまで基本に置いていた，全話を貫く葛藤や謎を中心とした物語構成を，どのように次のシーズンに引き継ぐのかという問題も浮上するようになった。

3　ドラマに描かれる「年上年下」

> 結婚と結び
> つかない恋愛

ドラマ制作と流通の中心が地上波からケーブル，OTTへと移り変わるなかで，より多様な

表現が可能になり，視聴者はより主体的にドラマを選べるようになった。こうした文脈のもと，ドラマはジェンダーをどのように描くようになったのだろうか。「現代社会のなかで『女らしさ／男らしさ』を意識させられる大きな場のひとつに，恋愛がある」(高橋2021：222) との指摘を踏まえ，「年上年下 (年上女性と年下男性カップル)」が登場するロマンスの一ジャンルに注目してみよう。この組み合わせは，男性が女性を守り主導権を握る，というような典型的なジェンダー役割を踏襲しにくいからである。

まず取り上げるのは，放送時50％を超える最高視聴率を記録した話題作『私の名前はキム・サムスン』(MBC，2005年，全16話) である。制作はMBC傘下の外注制作会社で，ケーブルや総編が登場する前のミニシリーズだ。30歳の「オールドミス (と当時は説明された)」で小太りのパティシエ，キム・サムスン (キム・ソナ) が，レストランオーナーの年下青年実業家ヒョン・ジノン (ヒョンビン) と恋に落ちる物語なのだが，女性が主体的にふるまう恋愛を表現したとして話題を呼んだ。

20代の主人公がドラマの大勢を占めるなか，30代で小太り，性格もひねくれている，という設定が新鮮だった。ラストシーンでは「もしかしたら私たちも別れるのかもしれない。恋愛とはそういうものだから。」というナレーションが入る。通常，死が2人を分かつまでともに生きるだろうことを暗示してきた多くのロマンスとは異なり，恋愛のゴールに結婚を置かないことを全面に押し出した点も新しかった。

そもそも，結婚をゴールとし，異性愛主義のもと婚外の性行為を批判するような観念 (イデオロギー) としての「恋愛 (ロマンティック・ラブ)」は，近代化と個人主義の進展とともに19世紀欧米で確立され，20世紀を通じて広く実践されるようになった。恋愛と結婚，性行為を三位一体のものとしてとらえることを，ロマンティック・

ラブ・イデオロギーと呼ぶ。これは性別役割分業に基づく近代家族をつくるイデオロギーでもある。

このドラマには、娘が「結婚して幸せになること」を望む母親が登場する。母親は離婚して一家の大黒柱として手腕をふるっているのだが、娘には旧来のジェンダー役割を求める。だが、サムスンは性愛と結婚を結び付けようとするイデオロギーから自由な、結婚しない（かもしれない）「恋愛」を志向し、求められる役割から逃れようとする。

ここに描かれた女性像は視聴者にも肯定的に受け入れられた。ドラマの20-30代女性視聴者23名にインタビュー調査を行った研究によれば、視聴者は結婚と恋愛、性関係が必ず一体でなければならないとはとらえていなかった。とはいえ年下男性との恋愛関係に関しては意見が分かれ、女性の性的主体性に関しても、自らが実践できるかは別だという意見があったとしている（キム・ミョンヘ2006）。サムスンの物語に示されたのは、当時の視聴者にとって自らが生きる現実の再現というよりは、受け入れ可能な範囲での、すこしばかり逸脱的なジェンダーイメージだったといえるだろう。

> 年下男性との恋愛はコンフルエントラブ？

30代専門職女性の年下男性との「結婚を前提しない恋愛」、という構図をとるサムスンの後輩たちは、その後いかなる「恋愛」を繰り広げていったのだろうか。

フェミニズムリブートを経た後に放送された『恋愛ワードを入力してください〜Search WWW〜』(tvN, 19年, 全16話)（以下『WWW』）は、インターネットポータル業界の各社幹部クラスにある女性3人の仕事と恋愛模様を描く物語である。主人公3人の異性愛の対象となるのは、年下であり、かつ彼女らより社会的地位の低い男性たちである。

主人公のひとりペ・タミ（イム・スジョン）と年下の恋人パク・モ

ゴン（チャン・ギョン）は，結婚を前提せずに関係を続ける選択をする。社会学者のアンソニー・ギデンズは，近代に誕生したロマンティック・ラブの成立基盤が揺らいでいる現在，求められるようになった，自己開示とコミュニケーションを積み重ね，絶えず見直されつつ維持される親密な関係性のあり方を「コンフルエントラブ」と呼んでいる。タミと年下のパートナーとの関係は，これにあたるのかもしれない。だが，コンフルエントラブは能動的で偶発的な愛情で，異性愛に限定されない。これをこの作品にあてはめれば，絶えず関係性が見直されながら維持される緊張状態にあるのは，むしろ主人公の女たちであったことに気づく。

たとえば，会社取締役のソン・ガギョン（チョン・ヘジン）とライバル会社本部長のチャ・ヒョン（イ・ダヒ）は，それぞれ冷徹にみえるが怒りを秘めた，そして熱血漢でけんかっ早い「女性」キャラクターで，高校時代の先輩後輩という設定だ。2人の再会時には，「車（など）に轢（ひ）かれそうになった女性を男性が抱きとめ，2人は見つめ合う」という「ロマンスの始まりを告げる韓国ドラマのお約束」表現が挿入されている。このように『WWW』は，これまで主に男性に割り振られてきたイメージを女性キャラクターに与え，また異性愛の表現コードを同性間の描写に持ち込み，権力闘争と互いの信念の承認を通じて，緊張感ある女性間の関係性を描こうとしている。

この作品の魅力を，愛憎と性的緊張感に満ちた3人の女たちの関係性に求め，それを韓国映画で見慣れた男たちのホモソーシャルな関係性（男性同士の絆）に近いものだとする指摘がある（チェ・ジウン 2019）。視聴者の反応も同様だ。このドラマのリアルタイムチャットルームでは，本来ドラマの没入度を高めるはずの年下男性とのロマンスパートが，主人公たちのストーリーの緊張感を失わせるものとして不満の対象になったという（キム・ヘイン 2019）。

このドラマ世界では，女性は男性に選ばれる必要はなく，また男性を支える必要もない。「女性」キャラクターのコンフルエントラブを描くうえでも「男性」は必要なくなった。文化評論家のファン・ジンミ（2019）はこの作品を「韓国社会がまだ到達していないが，志向すべき社会像を先取して見せている」と評した。

まだ見ぬ
異性愛の表現へ では，もはや年上年下のカップルは韓国ドラマにおいてまだ見ぬジェンダーのあり方を描くツールではなくなったのだろうか。年下男性とのロマンス，これを物語の中核としつつ，チェ・ジウンが『WWW』に描かれる関係を評して使った「韓国映画に描かれたホモソーシャルな男同士の鬼気迫る愛憎劇のような」描写を，「異性」関係のなかに持ち込む作品として，『ハイエナ～弁護士たちの生存ゲーム～』（SBS，20年，全16話）が挙げられる。本作はSBSドラマ本部が，ドラマ制作スタジオであるスタジオSを中心とした体制へと組み替えられる直前に制作された。

本作は，エリート弁護士ユン・ヒジェ（チュ・ジフン）と，勝利と金に執着をみせる町弁のチョン・クムジャ（キム・ヘス）が対立や協力をくりかえしながら巨大な権力と対峙する物語である。女性主人公のクムジャは，目的のためならどんな汚れ仕事もいとわない「これまで韓国ドラマで女性にはなかなか与えられなかったイカレたキャラクター」（チェ・ジウン 2020）だ。エリートのヒジェは，女性をリードしたいという「男らしさ」にこだわりつつも，そのプライドを常にクムジャにくじかれる感情的で純情なキャラクターである。

2人のロマンティックな場面も描かれるが，「典型的な異性愛の公式から逃げようとしている」（チェ・ジウン 2020）と評されるような，お互いに関係の主導権を握ろうとする駆け引きが魅力だ。キャスティングされた2人の俳優は，韓国ノワール映画の出演歴も豊富で，相棒（バディ）としての濃い関係性を絶妙に表現しており，2

人の「ティキタカ (テンポの良いやり取り)」も人気を得た。オンラインコミュニティ上では，2人の「濃い」関係性の魅力が評価されもした。

　男女主人公が設定されても，ロマンスはなく相棒として問題を解決する，というスタイルは『秘密の森〜深い闇の向こうに〜』(tvN, 17年，全16話，シーズン1) や『ボイス〜112の奇跡〜』(OCN, 17年，全16話，シーズン1) などですでに描かれはじめていた。だが，「ラブライン」と呼ばれる恋愛展開がありつつも，相棒としての関係描写も平行させようとするのは容易なことではない。同性間の絆を描くドラマの流行を経て，男女間においても，「らしさ」を外した関係描写が試行錯誤されている。あまたの恋愛ドラマを制作してきたSBSが，このドラマを作ったというのも興味深い点だ。

4　「女同士の連帯」のさらなる向こうへ

> ミラーリングで
> ひっくり返す

　女性キャラクターを，男性との関係からではなく，また母や妻というカテゴリーにも押し込めずに描き出そうとするドラマの人気は，ウーマンス (女性＋ロマンスの造語) というジャンルを浮上させていく。この先駆的作品としては『ママ〜最後の贈りもの〜』(MBC, 2014年，全24話)，『品位ある彼女』(JTBC, 17年，全20話)『別れが去った〜マイ・プレシャス・ワン〜』(MBC, 18年，全40話)『ハルハル〜私はあなた？あなたは私？〜』(MBC, 19年，全32話) などがある。これらは，2人の女性主人公が，時に反発しあいながらも相互に理解を深めていくというタイプの作品だ。だが，2020年代以降に顕著になるのは，主要登場人物がほぼ女性で占められるような作品である。

　酒浸りのひきこもり元刑事ク・ギョンイ (イ・ヨンエ) が連続殺人犯のKを追う『調査官ク・ギョンイ』(JTBC, 21年，全12話)，貧し

い3人姉妹が，権力者たちのもつ巨額の裏金をくすねとる『シスターズ』(tvN，22年，全12話)，企業のイメージメイキングを務めてきたファン・ドヒ(キム・ヒエ)が，人権派弁護士オ・ギョンスク(ムン・ソリ)をソウル市長にするため奮闘する『クイーンメーカー』(Netflix，23年，全11話) などでは，主人公，主人公の協力者，そして最大の敵といった物語の中核を担うキャラクターはすべて女性である。それぞれ，探偵，ノワール，政治ジャンルのドラマであり，これまで多くの場合，キャラクターは「男性」中心に構成されてきた。また，そのことに違和感があまり持たれなかったジャンルだといえるかもしれない。

先に取り上げた『WWW』の設定は「ミラーリング」と称されることがあったのだが，これらの作品も同様である。最大の敵は権力を掌握する女性だが，その手下となるのは男性だ。女性主人公を献身的にサポートし，時に自己犠牲をいとわないのも男性である。ある意味「女性(キャラクター)に都合よすぎる」物語の設定は，もともとこれらのジャンルが「男性(キャラクター)に都合よすぎる」設定を繰り返し，そのようなコードを当前としてきたからでもある。

主人公クラスの女性俳優が何人もキャスティングされ，物語を盛り上げるさまざまな葛藤や絆が女性同士で演じられることで，残酷で支配的な「女性」のイメージも生みだされている。このように「女性」のイメージを多様化させるドラマが数多く登場するようになったが，「男性」「女性」というカテゴリーそのものを問い，性愛の多様性を描くようなドラマは登場しているのだろうか。

多様な性のあり方を想像する

財閥家で起こった殺人事件と後継者争いを描くサスペンスドラマ『Mine』(tvN，21年，全16話)にはレズビアンカップルが登場する。作品は，女性同士の連帯や，同性愛を積極的に描き出した点でも注目を集めた。特に女性同士の連帯を，同性愛と連続的なものとして解釈しうる構成が評価さ

れたが，同性愛者を演じたキム・ジョンファの夫ユ・ウンソンは，その宗教的背景から妻が演じるキャラクターを「最終的には正常に戻る」と説明し，SNS上で「同性愛」を批判した。ウーマンスがジャンルとして人気を集めていても，そこに性的な関係性を描きこむことにはいまだ困難がないわけではない。

また，『梨泰院クラス』(JTBC，20年，全16話) にはトランスジェンダー (MtF) のマ・ヒョニ (イ・ジュヨン) というキャラクターが登場する。普段は男性として主人公が経営する居酒屋でシェフを務めているが，女性として生きたいと願っている。物語の途中，敵の妨害によってトランスジェンダーであることが公表されてしまい傷つくが，仲間に受け入れられて自分を肯定する。このキャラクターは普段女性を演じている俳優によって演じられ，物語の最後には手術を通じて「女性」になり，男性との恋愛がほのめかされる。性別の曖昧さは排除され，旧来のジェンダーカテゴリーとその役割のなかにヒョニは回収される。

他方，とある町の美容室を舞台に，美容師たちと客の日常を描く『舞い上がれ！蝶』(韓国未放送，JTBCスタジオ，22年制作，全16話) はやや異なる。トランスジェンダー (FtM) のキャラクターであるウ先生 (ムン・テユ) は，女性として勤めていた前職を捨て，男性として美容室に再就職したという設定で，通常男性を演じている俳優がキャスティングされており，視聴者も最初は「男性」キャラクターだと思ってウ先生をみるように作られている。途中，ウ先生がトランスジェンダーであることが明らかになると，同僚の美容師たちはおもわず嫌悪感をあらわにし，どう接していいか悩む。しかしやがて，ウ先生の性別は美容室でともに働くうえではとりたてて問題ではないことに気づき，自分たちが日々無意識のうちに前提としていたジェンダー観がウ先生を傷つけたかもしれないことや，無配慮なアウティングを謝罪する。性別は明確に割り振られなくても，また

明示されなくてもよいのではないか，というのがこのドラマのメッセージだ。本作品は出演俳優の学校時代のいじめ問題により韓国では放送ができなかったが，台湾と日本ではOTTなどを通じて公開され好評を得た。

> グローバル
> K-コンテンツへ

韓流に含まれる領域の拡大とともに，K-コンテンツという言葉が使われるようになり，「K」に象徴される韓国的なものとは何かが問われるようになった。こうした問いかけに対し，制作現場からは「韓流ドラマの中心的イメージを担うのはロマンティック・コメディーであり，それこそが強みだ」「得意なパターンの変奏をしてこそ，『韓国ドラマ』のイメージを守ることになる」との声が聞こえてくる（キム・イルジュンほか 2020）。Kのアイデンティティはこれからもさまざまな恋愛ドラマを生み出していくだろう。

「韓国の医学ドラマは病院で恋愛し，警察ドラマは警察署で恋愛する。スポーツドラマは運動して恋愛する……」2010年代に韓国のSNSで話題になった「韓国ドラマの分析」は，「異性愛中心のラブライン」抜きにドラマを作ろうとしない地上波への揶揄を含んでいた。だがその分析はもはや通用しない。ドラマに恋愛が描かれていたとしても，その親密性のあり方は変化し続けているし，男性／女性の役割が問い直され，またそのカテゴリー自体も見直されようとしている。では，ドラマが投げかけるジェンダーをめぐる「議論」は，今後どのように広がっていくのだろうか。

『イカゲーム』（Netflix，21年，全9話）のヒットが示すように，OTTによる国境を越えた視聴者の広がりは，韓流を超え，テクストを生み出し解釈するコミュニケーションの文脈を変えている。日本の第4次韓流のなかで，韓国ドラマに共感するあらたな視聴者共同体が形成されたのもこの流れのひとつだろう。他方，ソン・ヘミン（2020）は，近年注目されているフェミニズム的なドラマは，

OTTプラットフォームが用いるアルゴリズムによってジャンル化され，「個人化された趣向」にとどめられてしまうのではないか，自由な視聴環境の増大は視聴者共同体の連帯と結束を弱め，むしろ視聴者は受動的な存在として位置づけられるのではないかと懸念する。

　ドラマを取り巻く新たな動きが，今後どのように視聴者を結び付けたり囲い込んだりするのかはまだわからない。だがこうした大きな流れのなかで，私たちは今日もまた，数多くの新たな韓国ドラマに出会うことになるだろう。

📖 🎬 おすすめ文献・映画

①山下英愛，2013，『女たちの韓流——韓国ドラマを読み解く』岩波新書．
　　1990年代半ばから2010年までの，代表的な韓国ドラマに描かれた女性像から韓国社会を読み解く。最近ドラマを観始めた人にはむしろ新鮮な，韓国ドラマの変遷史がみえてくる。

②平田由紀江・森類臣・山中千恵，2024，『韓国ドラマの想像力——社会学と文化研究からのアプローチ』人文書院．
　　2010年代以降の韓国ドラマを取り上げ，個人と社会のつながりがいかに「想像」されているのかを社会学・文化研究の視点から読み解く。本章の拡大版として利用してほしい。

参考文献

ギデンズ，アンソニー (松尾精文・松川昭子訳)，1995，『親密性の変容——近代社会におけるセクシュアリティ，愛情，エロティシズム』而立書房．
高橋幸，2021，「ジェンダー平等な恋愛に向けて——大澤真幸の言う「恋愛」はなぜ『不可能』なのかの考察から」『現代思想』49 (10)：222-232.

〔韓国語〕

キム・イルジュン／ソン・テヨン／キム・チホ，2020，「OTTプラットフォームの韓国ドラマサービス拡大とドラマ制作社の戦略変化——ダイナミック・ケイパビリティの観点を中心に」『人文コンテンツ』59：155-194.
キム・ヘイン「〈恋愛ワードを入力してください〉，起承転〈恋〉不快なのは私だけですか」PD JOURNAL，2019年6月27日 (https://www.pdjournal.

com/news/articleView.html?idxno=70134).
キム・ミョンヘ，2006，「ドラマ『私の名前はキム・サムスン』に対する女性オーディエンスの読みと日常実践に関する研究」『言論科学研究』6（2）：76-112.
ソン・ヘミン，2020，「OTT サービスと〈女性の趣向〉の進化——ドラマ『キリング・イヴ』を中心に」『女性文学研究』51:10-35.
チェ・ジウン「悩むのは女性たちだけ——韓国の犯罪アクション，スリラージャンルを細かくミラーリングした『恋愛ワードを入力してください〜Search WWW〜』」『ハンギョレ21』2019年7月1日 (https://h21.hani.co.kr/arti/culture/culture_general/47281.html).
チェ・ジウン「タダモノじゃない女——なかなか女性には割り当てられなかった『ハイエナ』〈イカれた〉キャラクター—チョン・クムジャとキム・ヘス」『ハンギョレ21』2020年3月23日 (https://h21.hani.co.kr/arti/culture/culture_general/48437.html).
ファン・ジンミ「まずドラマとして訪れた韓国社会の未来」『ハンギョレ』2019年6月21日 (https://www.hani.co.kr/arti/culture/entertainment/898854.html).

【山中千恵】

column 10　BTSが世界を席巻した理由　最強のファンダムARMY

　「Dynamite」が韓国の歌手として初めて米ビルボードHot100で1位に輝き，グラミー賞に3年連続ノミネートされるなど，韓国のポピュラー音楽史を次々と塗り替えたBTS。世界の大舞台に躍り出た大きなきっかけが，ビルボード・ミュージック・アワードでSNSでの人気を指標の軸とするトップ・ソーシャル・アーティスト賞の受賞（2017年）であることからもわかるように，旋風の鍵を握るのは，「最強」といわれる巨大ファンダムの存在だ。

　BTSのファンダム，ARMY（Adorable Representative MC for Youth）の主戦場はX（旧Twitter）である。小さな芸能事務所だったBig Hit Entertainment（現HYBE）は，BTSがデビューする前からグループのTwitter（現X）やブログを開設。華麗なパフォーマンスの動画はもちろん，青春の悩みやあどけない素顔などまでも赤裸々にみせるSNSでの発信は，東南アジアや北米だけでなく，中東や東欧など遠い国の若者たちにも届き，同時代を生きる若者たちの心をとらえた。

　ARMYが「強い」のは，SNSでのファン投票が順位を左右する音楽番組や授賞式だけではない。連帯したファンダムは，時に社会的な行動力を発揮する。20年にBTSがブラック・ライブズ・マター運動に100万ドルを寄付して人種差別に立ち向かうと，ARMYも独自の募金運動を行い，わずか25時間で同額を集めたのが代表的な例だ。また，アーティストや事務所にも意見することもある。たとえば，ファンが初期の歌詞やミュージックビデオに含まれていた女性差別的な表現に問題提起し，16年に事務所が謝罪文を出したこともあった。

　弱者に寄りそって，アーティストや事務所のあり方さえも変えていくファンダム。それは，連帯して声を上げ，歴史を変えてきた韓国の民衆にも重なってみえる。韓国的な「推しで結ばれたファンダム」は，競争と生き残りをかけた新自由主義社会のなかで国境を超えて人々をつなぎ，新たな共同体を形づくっている。

【桑畑優香】

キーワード索引

【あ 行】

アイデンティティ …… 40, 42, 165, 166, 172, 190
アジア通貨危機 …………… 10, 57
慰安婦問題 …… 2-5, 11, 12, 17, 27, 49, 114, 118-120, 126, 127, 129-131, 134
イカゲーム ………………… 173, 190
移行期正義 …… 125, 126, 133, 134
イデオロギー／政治性向 …… 7, 11, 12, 23, 31, 36, 183, 184
イデニョ（20代女性）…… 34, 35, 184
移　民 …… 155, 157, 158, 160-163, 166-172
インド太平洋 …… 3-5, 16, 42, 51-56
AI（人工知能）…… 7, 59, 64, 71-75, 153
SNS …………… 81, 182, 189, 190, 193
MZ世代 …… 7, 23, 34, 47, 102, 103, 182
LGBTQ ……………………………… 136

【か 行】

階　層 ………………… 7, 33, 146, 149
格　差 …… 30, 33, 68, 141, 145, 146, 163, 173, 176
韓国映画 …… 31, 55, 119, 134, 136, 153, 165, 171, 173, 185, 186
韓国語 …… 91, 115, 149, 155, 157, 160-162, 164-167, 169, 170
韓国ドラマ …… 40, 78, 95, 136, 156, 165, 173, 175, 176, 178-192
韓国文学 …………… 14, 15, 17, 34, 36
北朝鮮 …… 2, 3, 5, 13, 22, 26, 29, 31, 38, 40, 42-54, 56, 95, 99, 115, 119, 121, 123, 124, 126, 171, 173
競争社会 ……… 38, 140, 146-148, 193
光復（クァンボク）………… 53, 102, 103
ケ　ア …… 151, 160, 161, 163, 168, 170
K-POP ……… 10, 17, 38, 78, 95, 156
憲法裁判所 …… 20, 24, 27, 29-31, 36, 129

【さ 行】

在外同胞 ……… 124, 134, 157, 159, 166
差　別 …… 35, 136, 140, 144, 145, 152, 164, 172, 177, 193
財　閥 …… 60-64, 69, 73, 74, 79, 80, 88, 188
ジェンダー …… 5, 7, 153, 162, 163, 172, 175-178, 183, 184, 186, 189-191
自己決定 ……… 6, 15, 136, 154, 163, 184
視点取得 ………………………… 8, 9
少子高齢化 …… 7, 16, 32, 33, 36, 137, 138, 140, 143-145, 150-153, 161-164, 167, 169, 171, 172
植民地支配 …… 29, 40, 41, 95, 98-100, 102, 110, 114, 118, 119, 126-129, 131, 134, 171
女性家族部 …………………… 35, 176
進　歩 …… 2-4, 21-23, 25-27, 32, 34, 35, 43, 44, 47-49, 52, 90, 131, 136
性　愛 …… 136, 177, 178, 183-186, 188-191
正義／正しさ …… 6, 8, 15-17, 26, 35, 36, 117, 118, 122, 125, 126, 133, 134

【た 行】

大韓帝国 ……… 29, 97-99, 106, 109-114
対照させる ……………… 16, 18, 93, 171
大法院（韓国最高裁）…· 4, 6, 24, 27, 31, 54, 91, 117, 120, 122, 125-127, 129, 131, 133
竹島／独島 ………………………… 4, 11, 12
他　者 ………………… 8, 9, 12, 17, 18, 95
脱北者 ……………… 38, 126, 134, 171, 173
朝鮮戦争 …· 7, 22, 38, 40, 42, 55, 56, 120, 171
朝鮮族 ……… 156-160, 165, 167, 168, 171
徴用工問題 ………… 2, 4, 27, 54, 118-120, 126-130
デジタル化 ………… 9, 10, 36, 57, 80, 172
統　一 ……………… 38, 42, 43, 45-48, 56

【な 行】

ナショナリズム …… 42, 44, 48, 100-102, 164
日米韓 …………… 2-5, 13, 39, 52, 54, 55, 99
日韓関係 ……… 2-5, 9, 11, 13, 16, 17, 49, 53-55, 97, 98, 103, 119
日韓基本条約 …………… 99, 120, 129, 130
日韓逆転 ………………………… 10-12, 94
日韓請求権協定 …… 9, 27, 120, 127-130
Netflix ……… 78, 173, 181, 182, 188, 190

【は 行】

86世代 ……………………………… 7, 23
比較する … 10, 12, 24, 28, 33, 36, 37, 63, 65, 68, 71, 72, 80, 87, 145
非　婚 ……… 6, 32, 33, 35, 142-144, 148, 149, 161, 163, 164
フェミニズム …… 7, 34, 35, 177, 184, 190
不平等 …………… 105, 106, 114, 162, 163
分極化 …… 21, 23, 24, 26, 31, 35, 90, 134
分　断 …… 41-43, 45, 47, 99, 124, 125, 171
保　守 …… 2, 3, 21-23, 26, 32, 34-36, 43, 44, 47-49, 53, 90, 131, 136, 162, 163

【ま 行】

マイノリティ …………… 156, 160, 178
#MeToo …………………… 6, 34, 154, 177
ミソジニー（女性嫌悪）…… 34, 154, 177
民主化 … 7, 20, 25, 28, 30, 41, 43, 44, 100, 101, 118, 119, 121-126, 133, 179
向きあう …… 1, 15, 18, 47, 93, 95, 98, 164, 171

【ら 行】

らしさ …… 6, 14, 16, 177, 183, 186, 187
隣　国 ………………………… 3, 18, 93
歴史認識 …… 4, 5, 17, 54, 98, 100, 101, 114, 117-119, 120-123, 125-127, 131, 133, 134

人名・事項索引

【あ 行】

李明博（イ・ミョンバク）…… 3, 20, 21, 25, 41, 44

SK …………………… 59, 62, 64-66, 69, 88

【か 行】

Kakao …………………………… 62, 73, 85

江南（カンナム）…… 34, 76, 92, 137, 146, 177

金正日（キム・ジョンイル）…… 45, 132

金正恩（キム・ジョンウン）… 3, 38, 45, 46, 56

金大中（キム・デジュン）…… 20, 21, 26, 38, 44-46, 123, 132, 133

金泳三（キム・ヨンサム）… 20, 122, 123

coupang（クーパン）………… 77, 81, 88

光州（クァンジュ）…… 31, 119, 121, 122, 129

高宗（コジョン）………………… 104-113

高麗（コリョ）……… 29, 86, 87, 158, 165

【さ 行】

サムスン … 22, 59, 62, 64-67, 70, 71, 73, 82, 85, 88, 141

ソウル …… 2, 8, 19, 21, 31, 38, 42, 47, 48, 56, 84, 85, 87, 95, 97, 100, 106, 107, 111, 112, 118, 123, 124, 126, 127, 129, 131, 133, 134, 137, 139, 140, 146, 147, 169, 177, 179, 188

【た 行】

済州（チェジュ）………………… 123

全斗煥（チョン・ドゥファン）…… 8, 30, 100, 119, 121, 122, 135

【な 行】

NewJeans …………………………… 78

NAVER ……………………… 62, 73, 85

盧泰愚（ノ・テウ）… 20, 30, 118, 119, 121, 122

盧武鉉（ノ・ムヒョン）……… 20-22, 41, 44-46, 48, 49

【は 行】

朴槿恵（パク・クネ）…… 4, 20, 21, 24, 25, 28, 44, 49, 50, 132

朴正熙（パク・チョンヒ）………………… 30

板門店（パンムンジョム）………… 3, 46

BTS ……………… 8, 15, 17, 78, 193

現代（ヒョンデ）………… 22, 62, 88, 141

釜山（プサン）……………… 105, 131, 139

【ま 行】

文在寅（ムン・ジェイン）…… 2, 3, 20, 21, 23-26, 41, 44, 46, 49-53, 55, 102, 128, 129, 132, 133, 150

【や 行】

尹錫悦（ユン・ソンニョル）…… 2-4, 20, 21, 23, 25, 34, 39, 42, 44, 45, 52-55, 92, 125, 126, 128, 133, 168, 169

▪ 著者紹介

〔章〕

浅羽祐樹（あさばゆうき）	同志社大学グローバル地域文化学部教授	［編者］序章・第1章
崔　慶原（ちぇぎょんうぉん）	常葉大学外国語学部教授	第2章
高安雄一（たかやすゆういち）	大東文化大学経済学部教授	第3章
鈴木悠司（すずきゆうじ）	bitBiome株式会社代表取締役社長CEO	第4章
森万佑子（もりまゆこ）	東京女子大学現代教養学部准教授	第5章
木村　貴（きむらたかし）	福岡女子大学国際文理学部教授	第6章
金　明中（きむみょんじゅん）	ニッセイ基礎研究所上席研究員	第7章
春木育美（はるきいくみ）	聖学院大学政治経済学部教授	第8章
山中千恵（やまなかちえ）	京都産業大学現代社会学部教授	第9章

〔column〕

黒田勝弘（くろだかつひろ）	産経新聞ソウル駐在客員論説委員	column 1
中川孝之（なかがわたかゆき）	読売新聞ソウル支局長	column 2
河　昇彬（はすんびん）	韓国外国語大学日本研究所招聘研究委員	column 3
吉永沙蘭（よしながさらん）	団体職員	column 4
塚本壮一（つかもとそういち）	桜美林大学リベラルアーツ学群教授	column 5
朴　鍾厚（ぱくじょんふ）	同志社大学グローバル地域文化学部准教授	column 6
日下部元美（くさかべもとみ）	毎日新聞ソウル特派員	column 7
申　琪榮（しんきよん）	お茶の水女子大学大学院・ジェンダー研究所教授	column 8
成川　彩（なりかわあや）	韓国在住文化系ライター	column 9
桑畑優香（くわはたゆか）	翻訳家・韓国エンタメライター	column 10

はじめて向きあう韓国

2024年10月30日　初版第1刷発行

編　者　浅羽祐樹

発行者　畑　　光

発行所　株式会社 法律文化社

〒603-8053
京都市北区上賀茂岩ヶ垣内町71
電話 075(791)7131　FAX 075(721)8400
https://www.hou-bun.com/

印刷：㈱冨山房インターナショナル／製本：㈱吉田三誠堂製本所
装幀：白沢　正
ISBN978-4-589-04358-0
Ⓒ2024 Yuki Asaba Printed in Japan

乱丁など不良本がありましたら、ご連絡下さい。送料小社負担にて
お取り替えいたします。
本書についてのご意見・ご感想は、小社ウェブサイト、トップページの
「読者カード」にてお聞かせ下さい。

JCOPY　〈出版者著作権管理機構　委託出版物〉

本書の無断複写は著作権法上での例外を除き禁じられています。複写される
場合は、そのつど事前に、出版者著作権管理機構（電話 03-5244-5088、
FAX 03-5244-5089、e-mail: info@jcopy.or.jp）の許諾を得て下さい。

広瀬佳一・小久保康之編著

現代ヨーロッパの国際政治
―冷戦後の軌跡と新たな挑戦―

A5判・300頁・3080円

激動する現代ヨーロッパの国際政治を,「冷戦終焉後の新しい秩序構築の動き」,「2010年代以降の様々な争点の展開」,「ヨーロッパにとってのグローバルな課題」の,3つの側面から,総合的に検討。ヨーロッパ国際政治の構造的変化を描き出す。

油本真理・溝口修平編
〔地域研究のファーストステップ〕

現 代 ロ シ ア 政 治

A5判・264頁・2970円

ロシアの政治・社会についての入門書。ソ連の形成・崩壊の歴史を押さえたうえで,現代の政治制度や社会状況,国際関係を学ぶ。超大国でありながらも実態がよくわからないロシアという国家を,新進気鋭の研究者たちがわかりやすく解説する。

三浦まり編

ジェンダー・クオータがもたらす新しい政治
―効果の検証―

A5判・272頁・4620円

各国で導入されているジェンダー・クオータが実際にどのような効果を持っているのかを,女性議員の数だけでなく,女性議員の多様性,男女の議員行動の変容,政策の進展,世論の変化等を含めて包括的に論じる。役員クオータとクオータの経済効果の議論も収録。

栗田梨津子著

新自由主義時代のオーストラリア多文化社会と市民意識
―差異を超えた新たなつながりに向けて―

A5判・232頁・5500円

新自由主義化するオーストラリア多文化社会。先住民性,難民性,白人性という概念の擬制的性格を念頭におきつつ各々の歴史的背景や市民意識の現状と課題を詳細に分析。都市部調査から浮かび上がった差異を超える連帯に注目し,日本の多文化共生にも示唆を与える。

山口祐香著

「発見」された朝鮮通信使
―在日朝鮮人歴史家・辛基秀の歴史実践と戦後日本―

A5判・308頁・6380円

近世日本と朝鮮王朝の関係を担いながらも半ば忘れられていた朝鮮通信使は,いかに知られるようになったか。本書は,在日朝鮮人映像作家・民族運動家であった辛基秀の実践を軸に,民族差別克服と日韓友好の象徴として朝鮮通信使が「発見」された過程を描く。

——法律文化社——

表示価格は消費税10%を含んだ価格です